百貨店復権に向けての

「固定客創造必勝作戦」

八百万顧客訪問の実績から学ぶ

目　次

序章　百貨店よ、自信を取り戻せ
「律儀」の商法を再確認しよう

一、小技（こわざ）商法に走るな

百貨店においては、創業から三百有余年の歴史を綴っている数社を始めとして、ルーツを辿れば、これに匹敵する地方名士の家業から発展したものなど、言うならば由緒あるものが多く見られるところであります。例へ百貨店の中では新興に属すものといえども、電鉄などの重要産業の一翼を担いながら、通常言う企業の一世代という年数を越えて今尚発展を継続しているのを見る事が出来ます。これがこの業界の一大特徴であります。

百貨店が、企業の一世代どころか、百年単位の風雪に耐えてきた所以はなにか、今改めて検証しなおす必要があるのではないでしょうか。

社史をひもとくまでもなく、武士道にも比肩する商人道一筋に誠意ある生き方を積み上げてきたのが百貨店ではないでしょうか。

戦中、戦後の動乱期にも他の業者の便乗、悪徳商法には目もくれずに来たのは、独り百貨店のみと言えます。

つまり、百貨店は紳士商法を貫いて来たのであります。

例へ、活き馬の目を抜く商才はなくても、いやむしろ百貨店には活き馬の目を抜く商才は必要がないとさえ言えるのです。営々と真摯な商を積み上げる、信用を積み上げる、ご愛顧を積み上げる、この積み上げの努力、継続の努力が原点中の原点であり、これが風雪に耐えて来た力の根元ではなかろうかと思います。

二、商法に変化？

ところが、近年百貨店の商法、発想に変化がみられるように思えるのであります。

何をもって商才と言えるのか、わからないが、商才ありと錯覚し、活き馬の目を抜こうという「心根」「性根」が垣間見えたり、顧客志向、CSと多弁に唱えながら、その実は顧客を獲物視し、囲み込んで、元々は重要顧客への感謝、サービス、お礼というような事から自然発生したものであろう事が、顧客管理（僭越な言葉と思う）の名のもとに操作の道具にしようとする発想を根強く感じるのであります。

段階に応じてお礼を手厚くするという事と、顧客を購買額でランク付けをして率で操作し、ここまで来いというのは、非常に似てはいるが、紙一重「心」の部分で決定的に、異なるのではなかろうかと考えます。

また、完全に使用されない部分、いわゆる退蔵益を当て込んだ特典などの発想もこの内に入るでありましょう。

条件的には大体良く似た事であり、紙一重の違いだ、と言うかもしれないが、手元で紙一重、一度の方向、角度の違いであっても、それを延長した千メートル先ではどれほどの違いになるかと思わざるを得ないのであります。

更に実戦を経ないこうした管理発想が知らず知らずの間に一般従業員の隅々まで浸透し、簡単に顧客を評して、良い客、悪い客、と決めつけたり、「うちの客でない」（当社のターゲットと違う）と口走したりして、「おもてなし」の心が表裏一体で失われて行っているのではなかろうかと感じます。

そもそも、始めから悪い客というものがあったのだろうか、百貨店の方でそれに追いやる原因がなかったのであろうか。このような事についても、数百万軒を訪問の体験上、追々顧客が教えてくれることを知るに至るのであります。

三、百貨店への信頼と期待に応えよう！

筆者は、百貨店における固定客作りの一環として、顧客宅を歴訪し、会話を通じ、納得と心の通った証として、百貨店カードをお持ち戴くという手法を永年実践してきました。

これは固定客作りは勿論、百貨店が顧客に近づき、顧客の実態、実生活に接し、本音に迫り、真に顧客を「観て」顧客の心を「読む」上で、最善、最強の手法と確信しているものであります。

この経過のなかで、自身の体験と、指導した方方の顧客訪問面談数を合計すれば、優に八百万人を越えるものでありますが、その実体験を通じて顧客の百貨店に寄せる信用と人気は今尚衰えずと言う事を実感し、感激あるふれあいの毎日を送っているものであります。

今百貨店が不振というのは、決して景気のせいではありません。

百貨店が自ら自殺行為をしているのであります。

百貨店自らが転んでいるのであります。

この事を毎日痛感しているところであります。

誰からも愛されて育って来た百貨店は本来の謙虚さ、律儀さを取り戻す必要があります。本来の人気を取り戻す必要があります。

百貨店！他の如何なる産業よりも日日顧客、消費者に接しながら、これほど顧客情報がない産業はありません。

百貨店に勤務しながら「顧客に接した事がない」、「顧客を観ない」（見るにあらず）、「顧客の心が分からない」「本音が摑めていない」従って「顧客が読めない」で管理を唱えること事態に不振の原因があるのであります。

最近の百貨店では、はかばかしくブランド導入が出来ないことについて〝取引先から逆選別を受けていますので〟と泣きがはいる事を良く聞くものであります。

顧客からは、今日は百貨店に行こうか、量販店にしようかと、下手をすれば量販店に分があるくらいの選別の対象になっているのであります。

百貨店はもともと顧客から選別される存在であることは間違いありませんが、しかし顧客の広い支持を得て、所によっては「さん付け」で呼ばれ、尊敬され愛される存在として永く繁栄を保ってきたところであります。

ところが、この百貨店が、突如、客を選ぶという。

不要な顧客は切り捨てるという。

それほど百貨店は、俄然、経済を左右するほどの実力を貯え、うって変わって優位の位置を占めたのでしょうか。

もし、それほど優位の位置を占めているのであれば、何故何年も、例へば売上において、対前年連続赤字になるのでしょうか。

大きな錯覚と矛盾が潜んではいないでしょうか。

一体百貨店は、顧客から、本音として、どんな評価を受けているか、どんな期待を持たれているか、聞いてみたらどうでしょうか。

折角、日日顧客に接するという位置にいるのですから。

本書は、〃八百万顧客訪問の実体験〃をもとに、固定客戦略は勿論の事、固定客とはなんぞやに始まって、顧客の百貨店にかける思い、本音、期待、を紹介したいとするものであります。

ここから、本当に顧客が期待する「おもてなし」は何かをつかんで戴けると思うのであります。

八百万訪問の実体験を通じて、全員が顧客の「本当の心」を共通認識し、共感を共有して行くための教材となることを願うものであります。

CS運動の参考文献として活用して戴いても光栄であります。

本書は、単にカード訪問開拓の手引き書ではありません。

本書は、完全に実戦の経験を経たものばかりで、机上論が一切なく、且つ不敗の連続を誇りとして、活動を通じて得たそのままを記述しようとするものであります。

八百万顧客訪問対話の実戦経験から今百貨店が陥っている病を治す万能薬はこのなかにあると確信するものであります。

特に事例と証拠を豊富に取り上げて、それも必勝の実績証拠を示しながら、段々に語りたいと思うものであります。

第一章　商圏内のシェア、店の勢い一挙に処を変える

一、店の攻防、勢い逆転の事例

百貨店に限らず、商いをするものにとっては、何よりも、優良な、そうして可能な限り多くの固定客がほしいところであります。この固定客をつくるに当たって、百貨店側から積極的に顧客宅を全戸軒並みに訪問をかけ、親しく面談の上、固定客の証として、百貨店のカードを持って戴く事は、威力のある結果を生むものであります。

この場合、カードには固定客戦略を展開するうえでのツール、梃子としての働きを期待しているのであります。

本書はあくまでも固定客戦略を論じようとするものでありますが、その戦略展開にあたってのツールとしてのカードについて、触れないで通れるものではありません。

ついてはまず、カードというものについて口火を切ってみたいと考えるものであります。カードという言葉は、いやと言うほど、巷に氾濫しているところであります。ところで、カードと言う言葉から、即、何を連想されるでありましょうか。

カードにも数え切れないくらい種類がある訳ですが、ここでは、主として百貨店における固定客作りの梃子としてのカード、いわゆるハウスカード等について述べてみたいと思

うものであります。

そうしてこの章では、論より証拠として、まず、カードの威力効果を述べたいと思うものであります。

しかし厳密に云えば、この場合〝カード〟という語を使用する事は、本来の意を正しく反映していないのであります。カードという言葉を使っても、機能的に、いわゆるクレジット事業部の所管するカード、決済手段としてのカードとハード面で捉えるのではなく、固定客化を何らかの形で象徴するものと認識したいのであります。それが併せてハード面での機能も持っていると考えたいのであります。

この理由等については、後に詳述する事にして、とりあえず話の展開を進める上で〝カード〟という語を仮に使用しておく事にします。

〈**表1**〉に示すものは、昭和五九年から昭和六三年当時の神戸地区四百貨店の中で主なシェアを競うそごうと大丸の売上の公表数字の推移を指数に直したものであります。

且つての地域一番店の大丸の衰退が著しく、経過は省略しますが、昭和五九年まで、市内四百貨店中に占めるシェアは四四％台に落ち込んでいる事を示しています。

昭和六〇年、六一年に至っては、大丸は対前年増減率においても、前年を割り込む場合が表れ、勿論そごうの対前年増率に劣る事はもとより市内のシェアも引き続き落とし続け

〈表 1〉

	大丸		そごう	
	対前増減	市内 4 店中シェア	対前増減	市内 4 店中シェア
S 59. 上	○ 5.1	44.2	1.9	51.1
下	○ 3.7	43.9	1.6	51.8
S 60. 上	× 0.9	41.9↓	11.6	53.6↑
下	×△0.3	40.9↓	14.0	55.6↑
S 61. 上	×△1.2	40.0↓	7.0	55.5↑
下	× 0.1	39,7↓	1.9	56.0↑
S 62. 上	○ 6.3	40.8↑	3.3	55.0↓
下	○ 9.1	40.9↑	4.7	55.3↓
S 63. 上	○ 7.8	41.3↑	6.1	54.8↓
下	○ 8.0	41.6↑	5.3	54.8↓

○印　対前年において大丸が、そごうを上廻る。
×印　　〃　　　　　　　　　　　下回る。

↑印　シェアを上昇。
↓印　　〃　下降。

大丸はS61年10月から、集中開拓開始。
S62年上期から、即、顕著な効果が出ている。

ている事を矢印が表しています。

ところが、注にあるように、大丸は昭和六一年一〇月、カード顧客開拓の為の実戦部隊を発足させ、数十人の大量人員を投入して全戸軒並み訪問開拓を開始したのであります。

この部隊は一年後、最大規模に達した時は百名弱に達しようという勢いであり、二年間で約二〇万口座を獲得、即、約一〇〇億の新たな売上を創造するところとなったのであります。

これは当時の公表数字が教えるところであります。

筆者は開拓担当の店次長として、自分自身が率先し、一日も欠かさず開拓に従事し、自らやって見せ、実戦の中で部下を育て上げて行ったのであります。

またこの活動は獲得の為の獲得に留まるものではありません。

同一地域を幾度も繰り返し訪問を掛ける手法の為、反復効果が極めて大きい事を述べておきたいのであります。

先ず〝事実〟を見る事にしましょう。

表では開拓開始直後から売上高は、顕著な効果を表し、数ヵ月を経過した翌期の昭和六二年から、売上高を見ると対前年においてそごうを上回る増率に転じ、市内シェアとも上昇を始めた事実を示しているのであります。

一例では納得が不十分でありましょう。

次に筆者が関与した近鉄百貨店奈良店の事例を紹介しましょう。

近鉄奈良店は平成四年に建物自体を完全に建て直し、ＭＤなど全てを一新して臨まれたのですが、数字的には志とは異なり、対予算上かなりの未達の苦戦で一一ケ月を推移されてきたのであります。

再開店から一一ケ月目にカード顧客開拓の手法を採用されるところとなったのであります。

〈**表2**〉を参照して戴きたい。開拓開始の翌月から忽ち二桁増、それも二〇％を越える二桁増を示し、尚且つ二桁増の快進撃が数年続く端緒を作ったのであります。

顧客は、百貨店の新規オープンには、これに先だってなんらかの訪問などがあるものと期待しているようで、今まで訪問がなかった事に対し、「うちなんて目やないんでしょう」奈良弁を翻訳すると「今まで挨拶がなかったのは私の購入力などは近鉄の目にとまらず、勘定に入ってなかったのでしょう」という皮肉を云いながらも、口々に大企業の百貨店社員の訪問を喜び、歓迎し、「やはり近鉄さんよ」「ぜひ行くわよ」という激励と期待の声を浴びるところとなったのであります。

数字は見事にこれを裏付けています。

〈表2〉

近鉄奈良店増減率

H5／1	△2桁	
H5／2	△〃	
H5／3	△〃	
H5／4	△〃	
H5／6	△〃	
H5／7	△〃	
H5／8	△〃	
H5／9	△〃	
H5／10	△〃	カード開拓キャンページ開始
H5／11	+25.0	開店1周年記念特別招待等
H5／12	+11.2	6/2/23繊研新聞に発表
H6／1	+20.6	6/2/23繊研新聞に発表
H6／2	+20.強	6/2/23繊研新聞に発表
H6／3	+20.0	
H6／4	+17.0	
H6／5	+34.2	
H6／6	+20.4	
H6／7	+11.6	

この前期同様、この〝事実〟も頭にインプットして戴きたい。

勿論「合わせ技」として宣伝費の思い切った投入をされた奈良店長の決断。何よりも奈良という比較的人口の少ない地域へ四〇名を越える本社からの人員を果敢に集中投入された田中社長（社長に就任直後の時にこの決断は見事と言う外はない）の英断に依るところが大きいものであります。

この一事を見ても「決断」とか、「集中」の重要性を教えられるものであります。また上記のような事態にこそ、本社があるのだという事を教えるものであります。

〈**表3**〉（日経流通新聞の記事）はその勢いの継続を示しているものであります。

事実をもう少し列挙してみましょう。

近鉄では奈良の好調を契機に、上本町店、阿倍野本店においても、カード開拓を梃子とする固定客作りの推進を決定され、それぞれ平成六年四月、六月から随時両店での開拓をご指導するところとなりました。

この時にも両店合わせて百人に近い人員を一挙投入され南大阪を席巻するところとなったのであります。

〈**表4**〉はその当時の大阪におけ百貨店上位四店の売上高ランキング変遷であります。

開拓を開始した平成六年四月から、近鉄のランキングが上昇、しかも対前年黒になって

〈表３〉

売上高伸び率順位（百貨店）

順位	社　名	店　名	都　道 府県名	伸び率 （%）
1	近鉄百貨店	奈良	奈良	12.5
2	京阪百貨店	守口	大阪	10.1
3	ダイエー	いちかわプランタン	千葉	8.1
4	髙島屋	立川	東京	7.3
5	仙台十字屋	仙台十字屋	宮城	6.4
6	阪急百貨店	川西阪急	兵庫	5.9
7	遠鉄百貨店	本店	静岡	5.6
8	東武百貨店	池袋本店	東京	4.2
9	鳥取大丸	鳥取大丸	鳥取	4.0
10	近鉄百貨店	阿倍野本店	大阪	3.9
11	長崎大丸	長崎大丸	長崎	3.8
12	三　越	倉敷	岡山	3.1
13	丸　井	池袋	東京	2.8
14	新潟伊勢丹	新潟伊勢丹	新潟	2.6
15	トキハ	別府	大分	2.6
16	丸　井	草加	埼玉	2.5
17	丸井今井	小樽	北海道	2.5
18	丸　井	国分寺	東京	2.4
19	丸井今井	旭川	北海道	2.2
20	髙島屋	柏	千葉	2.1

日経流通新聞

1995年（平成７年）８月８日

一位争いに浮上している〝事実〟に着目して戴きたい。

名古屋を例にとりましょう。

名古屋はかつて4M（松坂屋、三越、名鉄、丸栄の頭文字いずれもMをとって4Mと称している）の2強2弱と云われ、これから紹介する名鉄百貨店は2弱に入れられていたのであります。ここ数年は前年を割り込む数字が続いていたのです。

ここにもカード戦略を理解し一大決断をしたトップが現れたのであります。

小池澄新会長、佐藤大治新社長が、即決で採用を決められたのであります。

伏線としては、この事に先だって、金沢名鉄丸越百貨店で成果を上げていた実績もあったのでありますが、果敢というべし、即決で即実行の決断を見たのであります（金沢については追って述べたい）。

名鉄百貨店は、全社総合固定客戦略会議という常務会に匹敵する会議を設置し、外商、カード開拓、友の会、通信販売などなどを横串に総合して固定客戦略を遂行する処となった。この中核部隊としてカード開拓に四五名の大規模な投入を決行したのであります。

まず〝事実〟を、現在の結果を示そう。

「名鉄はこの頃業績がいいと聞いているけれども、こんな事をしていたのね。やっぱり何もしないでいいという事はないのね」訪問先の奥様から開拓員が聞いてきた話であり、そ

〈表４〉

大阪市内百貨店売上上位ランキングの変遷（右数字は増減率）

年　月	1位	2位	3位	4位
H５／１	阪急　△1.8	高島屋△7.7	近鉄　△0.2	大丸　△6.7
H５／２	近鉄　△2.6	高島屋△0.9	阪急　△8.3	大丸　△10.7
H５／３	阪急　△8.1	高島屋△14.9	大丸　△12.3	近鉄　△2.8
H５／４	阪急　＋0.2	大丸　△6.2	近鉄　＋2.5	高島屋△11.4
H５／５	阪急　△6.1	高島屋△4.5	大丸　△3.7	近鉄　△5.0
H５／７	阪急　△4.8	近鉄　＋0.1	大丸　△8.1	高島屋△7.5
H５／８	近鉄　＋2.1	阪急　△4.2	高島屋△9.0	大丸　△5.1
H５／９	阪急　△11.4	大丸　△8.4	近鉄　△5.5	高島屋△10.1
H５／10	阪急　△11.1	大丸　△0.7	近鉄　＋6.1	高島屋△9.9
H５／11	阪急　△10.5	近鉄　△9.1	大丸　△7.1	高島屋△10.0
H５／12	近鉄　△2.4	阪急　△5.2	大丸　△6.3	高島屋△9.5
H６／１	阪急　△1.0	近鉄　＋4.1	大丸　＋3.8	高島屋△2.9
H６／２	近鉄　＋7.2	高島屋＋5.2	阪急　△3.1	大丸　△1.7
H６／３	阪急　△4.5	近鉄　＋0.4	大丸　△4.1	高島屋△11.1
H６／４	近鉄　＋0.7	大丸　△1.9	阪急　△3.6	高島屋△5.9
H６／５	近鉄　＋18.3	阪急　△3.8	高島屋△7.5	大丸　△5.2
H６／６	近鉄　＋6.6	阪急　△2.3	大丸　△3.8	高島屋△1.1
H６／７	近鉄　＋1.9	阪急　△0.7	大丸　△2.7	高島屋△2.1
H６／８	近鉄　＋3.5	阪急　△1.9	高島屋＋4.7	大丸　△0.4
H６／９	阪急　△4.6	大丸　＋2.1	近鉄　＋6.5	高島屋△1.9
H６／10	近鉄　＋6.6	阪急　△3.7	大丸　△5.5	高島屋＋0.8
H６／11	近鉄　＋7.0	阪急　＋1.3	大丸　＋0.5	高島屋＋2.4
H６／12	阪急　＋0.1	近鉄　△2.6	大丸　△1.4	高島屋△0.7
H７／１	阪急　△13.5	近鉄　△6.9	高島屋△10.5	大丸　△14.9
H７／２	近鉄　△6.6	阪急　＋3.6	高島屋△7.4	大丸　＋0.1
H７／３	阪急　＋8.2	大丸　＋7.4	近鉄　＋1.1	高島屋＋2.6
H７／４	阪急　＋11.0	大丸　＋9.5	近鉄　△0.1	高島屋＋1.6
H７／５	近鉄　△0.3	阪急　＋6.5	大丸　＋5.1	高島屋＋1.1
H７／６	阪急　＋12.6	近鉄　△1.5	大丸　＋7.4	高島屋＋1.6
H７／７	阪急　＋2.6	近鉄　＋1.1	大丸　＋1.1	高島屋△2.4
H７／８	近鉄　＋1.2	阪急　＋7.8	高島屋△4.5	大丸　＋9.6

注１．奈良近鉄の売上は、大阪地区に計上。
注２．㈱日本カード開発のご指導店及び期間。
　　奈良近鉄………平成５年10月～６年３月
　　上六店…………平成６年４月～６年８月
　　阿倍野本店……平成６年６月～６年９月末。

〈表５〉

	松坂屋	名古屋三越	名　鉄	丸　栄		松坂屋	名古屋三越	名　鉄	丸　栄
1995年					３月	131.5	126.9	133.1	120.1
１月	98.7	97.4	91.7	100.4	４月	82.7	84.2	82.5	80.5
２月	102.3	100.3	101.1	100.3	５月	95.0	98.6	100.0	92.2
３月	100.4	102.6	99.6	100.7	６月	98.2	95.9	93.5	90.5
４月	99.5	105.3	96.9	93.1	７月	96.6	98.0	96.6	97.1
５月	99.1	105.3	97.5	93.4	８月	102.3	101.9	103.6	93.5
６月	99.4	99.7	91.6	97.7	９月	95.2	102.6	97.0	92.1
７月	98.4	100.1	98.0	97.3	10月	97.1	101.2	98.5	97.2
８月	101.2	104.2	88.4	86.8	11月	97.9	100.8	103.5	94.2
９月	98.2	101.5	96.9	98.8	12月	91.0	98.9	94.4	90.4
10月	99.2	101.3	86.2	90.6	1998年				
11月	99.6	103.3	91.0	96.8	１月	99.8	103.4	108.3	97.3
12月	100.4	101.8	93.9	97.6	２月	92.9	95.6	96.9	96.9
1996年					３月	73.0	86.2	74.8	76.4
１月	103.3	109.1	98.0	96.5	４月	117.2	116.0	127.0	110.0
２月	100.9	104.6	94.1	99.0	５月	100.8	104.4	114.5	92.3
３月	103.5	103.2	100.9	90.4	６月	97.9	98.8	107.8	90.9
４月	100.4	105.4	96.4	102.5	７月	91.5	99.1	106.5	90.1
５月	100.3	103.1	90.3	101.4	８月	91.8	99.8	106.8	91.3
６月	101.0	102.9	97.3	98.2	９月	94.2	95.3	103.9	92.1
７月	100.4	102.5	94.8	93.2	10月	93.4	99.0	105.5	90.1
８月	101.8	104.8	92.7	99.1	11月	95.7	100.0	108.6	91.4
開拓開始					12月	92.0	96.9	104.6	91.9
９月	104.2	105.5	103.9	97.1	1999年				
10月	101.0	105.8	101.7	93.2	１月	91.4	97.9	105.8	90.1
11月	101.7	104.9	105.0	101.2	２月	93.5	99.9	114.5	79.5
12月	101.0	102.0	100.2	93.2	３月	92.6	98.0	95.4	85.6
1997年					４月	92.5	98.8	100.4	100.2
１月	103.3	103.1	97.6	98.5	５月	98.4	99.3	101.5	93.4
２月	105.4	103.5	101.2	96.7					

注、〈**表5**〉は、平成八年九月開拓開始前後の市内四百貨店の対前年増減率を示し、この成果を示し、平成一一年二月現在一一ヶ月連続で高増率を示し、勿論市内四店中で増率ではトップを行っている。

れも数件に留まらないのであります。

詳細は改めて後段に述べるところであります。

この間、全店をあげて画期的なリニューアルを併行された事を見逃す事は出来ない。

正直云ってリニューアルが文字通り成功したケースは甚だ少ないのではないかと言われるところでありますが、名鉄百貨店の場合は正真正銘成功したと判断できるものであります。

将に表裏一体というべきか、「合わせ技」が成功したと言うべきでありましょう。

全社の顧客志向の熱意に加え、開拓を決断したと同様、リニューアル、ＭＤ面でも示したトップの好決断によって上昇気流に乗り切ったと評価するところであります。

阪神百貨店における開拓を例にとります。

当時常務であった三枝現社長が、この戦略を採用するとの英断を下されたものであります。

我々の経験と周囲を見回すとき、先輩役員等の多いなかで、決断を下すことが実際はいかに難しいものかを知るところであります。

この中での決断であり、結果は、効を奏したのであります。大阪地区の人口から言うならいささか投入人員は少ないとも言えるが、トップの決断というものが何にも勝る力であります。

デパートニューズ一九九八年八月一二日号では阪神百貨店の健闘を以下のように報じています。「在阪の主要百貨店のなかでも比較的健闘しているのが阪神百貨店である。四月の売上高前年比が一〇八・三％（在阪一一社平均が一〇五・四％、五月が九九・四％（同九九・五％）、六月九八・六％（同九四・二％）で推移し四月から六月までの累計では一・九％前年実績を上回っており、在阪一一社の平均値より二・三ポイント高い数値を計上している」と。

勿論、婦人服中心のリニューアルなど経営の多方面に亘る同様な努力と相俟ってのことではあるが、他社同様にご多分に漏れない外商の不振分をカバーするなど、事実は戦略の成功を証明しているのであります。

事実の列挙を博多大丸で締めくくろうと思います。

昭和二八年の創業以来二十有余年一度も黒になった事もない博多大丸が、昭和五一年、乾坤一擲天神に移って再起を期したが、再度極め付きの大赤字に陥ったのであります。顧客がフロアに一人もいない。閑古鳥というのはまさにこの事を指すのかと言う有り様が、当時再建のため社長とセットで営業担当常務として派遣された著者の実体験でありました。まず顧客作りと集客、理屈抜きでこれに邁進せざるを得なかったのが実態であります。かなり業界に名を知られている博多大丸のカード戦略も、こうした苦しみの中から生み出されたものであります。

固定客作りは基本中の基本と口で云うのはたやすいが、爾来二十数年開拓を重ねて今尚継続していると言う執念は実に見事というべきでありましょう。

この間、かつてはせめて足元に及びたいと願った2番店の玉屋を追い越し、今や一番店の岩田屋の足元に迫っている事は数字が示しているとおりであります。

それよりも、特筆すべきは、平成九年、博多大丸の対面に進出した三越はカード戦略として、博多地域にない割引率五％、しかもカードを提示するだけで現金割引も可能という強力な条件をもって参戦された訳であります。

しかし目下のところ、博多大丸は、はるかに条件の悪い一％ポイントというだけのカードをもって、これと共存出来ていると言う事実を示しているところであります。

ここに執念をもって、二十数年カードによる固定客戦略を〝継続〟してきた事による固定客の厚み、カードを梃子とする固定客戦略の威力を十分読む事が出来るでありましょう。

二、百貨店中心に世の中は廻ってはいない

顧客志向を日に何度も唱えながら、その実、百貨店は自分中心に世の中が回っているような錯覚に陥っているのであります。

現実は、百貨店社員が訪問する事で、存在を失念していたお客様が、百貨店を思い出して戴けるという効果から始まるのであります。（自社が忘れられているなんて！と驚く事はない、案外忘れられているのであります。）

顧客の心の中に占める百貨店のシェアが拡大する、そうして、顧客が心のなかで、一番に思い浮かべる店（ファーストマインドショップ）になる。そうしてカードを持つ事により、忽ちその日からカードを媒介として贔屓客になったという喜びを持ってくれるものであります。

こう言う手順をふんで、顧客はだんだんと馴染んで、馴染みを深くして行ってくださるのであります。

「私は仏を信じています」その心の拠り所、証しとして手首に数珠を巻く。「私はクリスチャンです」という心の拠り所、その証として十字のペンダントを吊るすと言う事にみられるように、心さえあれば形はなくてもよいと言う事では決してないのであります。

心を表す上で、形も併せて揃う事がより望ましいのであります。カードを拠り所として「〇〇百貨店好きよ」という気持ちで持ってもらいたい、これがカード戦略のスタートであります。

決済手段というだけのカードならカード会社を合併、吸収すればいいということになります。

店頭で申込を受けたカードと訪問開拓したカードの長短も追って述べて行きたいと思います。段々に理解されるところとなるでありましょう。

三、顧客開拓の梃子としてのカード

前節で、実際のカード開拓の効果、威力の事実を例示したのでありますが、ではカードであればなんでもいいのか。

数さえ揃えば効果は同じか。

同じカードに意義の違いがあるのか。

固定客戦略上、店頭受付と訪問開拓で意味の相違があるのか。

こうした事を、顧客志向を標榜する百貨店であるからには、まず顧客の声を検証することから始めてみましょう。

「百貨店に対する顧客の期待と人気は、当の百貨店人の予期する以上に高いのである。顧客は本音は百貨店が好きなのである。」と言う事を知らなければなりません。

百貨店のサービスとは真の顧客志向からではなくて、積年の苦情苦情の経験から割出した防止策から発生した処置をサービスと錯覚している部分がないでしょうか。

顧客はこちらから心より親しく接すれば、喜んで戴き、本当に甘えさせてくれるものであります。

建て前は顧客志向と唱えながら、本音はやばい、恐いと、腰の引いた接し方が、顧客の百貨店離れを生じさせているのであります。

百貨店はまだまだ人気者であります。

百貨店はこれに十分応えていないのであります。

我々は人気者だという自信、そうしてより積極的な顧客への接近が百貨店に科せられた課題であります。

全戸軒並みの訪問を先ず実行して戴くと即座にわかる事は、顧客はそれこそ例外なしに訪問を歓迎し、「こんなことはじめてよ」「がんばってね」「ご苦労様」から始まって、知人が社員にいること。買い物の経験、購買頻度の自慢、百貨店での思い出、を話されるものであります。品ぞろえの注文、特に中高年向き（マインドは若くて）商品への品揃えの注文は極めて強いものがあります。期待を口々に話されるのであります。

大阪の商店主で特に多かったのは「大企業がこんな事をするのか、我々は景気が悪いと口で云うだけで実際はなにもしていない。今日は教えられた。授業料だ入会する。」という理由の入会でありました。

これほど明快でなくても、一般にどこの街でも商店主の入会率は極めて高いものがあります。

その事は、わざわざ来たものへの同じ商人としてのいたわりを痛感するものであります。更に自己取扱い商品以外は百貨店で買うという自然な動機が伺えるものであります。

いずれにしても百貨店を毛頭敵視などしていないで、むしろ個人としては百貨店に親しみを持っていて呉れていることを、教えてくれるのであります。

店頭では全店的には苦情のない日はないと言って過言ではないでありましょう。では数十人が毎日千件、二千件を越える顧客宅を軒並み訪問して、果たして、どれだけ苦情を受けるものでしょうか。対処に困るような事がどのくらい発生するでしょうか。

答えは全く否なのであります。

再度云う、驚く事に、答は全く否であります。苦情の経験談は話されることはあっても、訪問員が帰店して、実際にあった会話を報告する程度にとどまるものであります。

この機会にというような、いわゆる苦情処理をしなければならないような苦情を受けるケースは先ずないのであります。筆者は自らとご指導先の社員の訪問先を併せれば、優に訪問数は延べ八百万戸を越えるでありましょうが、未だ且つて「いわゆる苦情」に遭遇したという事は一切ないのであります。

これは何を意味するか。

それほど訪問を受けて嬉しく歓迎し、親しい感情を持ってくれるものなのであります。それどころか、お茶をご馳走になった、庭の柿や柚を土産に戴いた、野菜を持って帰れと言って聞かれなかったと言う話は毎日のことであります。

百貨店は構造的に不況であるのか?全く否であります。

百貨店の不振は百貨店が自ら作り出しているのであります。自分で転んでいるのでありま す。

この事は毎日毎日顧客の懐へ飛び込んで会話を交わしていると、いやと言うほど教えられるところであります。

顧客は親しく接近すれば本当に甘えさせても呉れるものであります。

顧客は、腰が引けた口先だけの顧客志向を本能的に嗅ぎわけているのであります。

顧客は顧客志向を唱えながら、自分の都合で各種条件を都度都度変更したり、少し景気がよいと、ここまで来いとばかりに条件を変えたりする、〝うさんくささ〟に疑念を抱いているのであります。

さらに、心のなさから来る、肌寒いサービスに期待を失い、百貨店離れを起こしているのです。

顧客は百貨店が開店に先だってはPRに、挨拶に来るものと思っているもので。従って、自宅へ来なかった場合、自分だけが疎外されたと思っているのであります。実はどこにも、平等？に全く訪問していない場合でも、自分の所だけ来てくれなかった、疎外されたと誤解しているのであります。

前出の「うちなんか目やないんでしょう」と口々に言われたのは、ここから出た言葉であります。

百貨店の訪問を歓迎する事例をもう少しあげてみましょう。（本書は実学、実戦を趣旨としている。そうしてこうした事例はたまたま、千に一つの事例ではない。繰り返し実例を吟味して戴きたい。）

筆者は目下阪神百貨店の顧客開拓のご指導にも当たっている事は既に紹介しました。この阪神の一員として京阪電車沿線に開拓に入ったところ、顧客は「京阪さんが挨拶に来た」と口々に云われるのであります。

「いつ来られたのですか」という当方の質問に対し、答は「十年前」という答であったり、「タオルをくれた」というのであります。十数年前、新鋭京阪百貨店の開店にあたって、京阪百貨店が行った挨拶が昨日のように顧客の記憶に流れているのであります。

更に「カレンダーを載いた」と言う家庭に、しばしばぶつかるのであります。「いつ?」「なぜ?」という質問を投げかけると、どうやら毎年の年末に優良顧客に管理職がご挨拶に廻っているらしいという事が判明するのであります。

京阪百貨店は、全国でも珍しく、開店当初から黒字基調の滑り出しを評価されている事で知られる百貨店であります。

これは決して偶然ではない。

百貨店は最近になって逆選別されているとかの泣きが入る事もあるが、従来はややもすれば弱きに強く、零細問屋には強い態度で臨み、裏ではひんしゅくを買う場合もなきにしもあらずであります。京阪百貨店の場合は、部長、課長が取引先派遣店員に対し、毎朝「ご苦労様、今日もよろしく」と声をかけるといいます。またレジでは販売し代金を入金に来た派遣店員に係長が「有り難う」と声をかけ、閉店時には、課長級が「ご苦労様」と声をかけて回るといいます。

派遣店員にすれば、感激し、少しでも売ろうと言う気になると云うのは当然でありましょう。

別に売らせようとしての態度ではない、百貨店として裏表のない真摯な態度の現れであり、これには、敬意を払うものであります。

こうした情報も開拓によって得られるのであります。

阪神百貨店の立場で開拓しているとき、「大丸が来たよ」と顧客から云われ、この地域を開拓するに当たって、競合が出現したことで、少し開拓ペースに影響するかなと思い「何時きたのですか」と聞くと、「五年前」という返事であります。ここでも百貨店の訪問を昨日のように覚えている事を示しているのであります。

筆者が平成九年からご指導に入っている井筒屋では、開拓員全員が一同に並んでいる記念写真を開拓地域へ訪問開拓の予告として、ちらし投入されたのであります。行く先先で、「チラシをみたよ。もう来るかと待っていた」という話題性と、自宅を飛ばされなかった安堵感、と、よく来てくれたという親しみを込めた歓迎を受ける経験をするところとなったのであります。

これでも、百貨店は、客を選別するというのでしょうか。永年に亘る大衆の贔屓、好意、支持を受けながら、そもそも百貨店自体が、顧客から選別される存在でありながら、また経済を左右する力がないにも拘らず、更に口ほどもなく、赤字を垂れ流しながら、顧客を選別するという。平たい言葉で敢えて言うならば、〝罰があたっている〟のであります。百貨店は自ら転んでいるのであります。

真摯に訪問開拓を実施した百貨店が全部成功裡に進展しているのは、机上論の逆を行っているからであります。

訪問によるカード顧客開拓が固定客作りの第一歩であります、何故訪問という手段を力説するかという事が、徐々に理解されていくでありましょう。カードが増えれば売上が増える、故にカードを増やすのだと言うのは極めて短絡な思考であります。

訪問によってカード開拓をする過程が極めて重要なのであります。どんなカードでも同じだと言う事では決してない。どんな開設方法でも同じだと言う事ではない。カードはむしろ副産物であります。

開拓の過程で繰り広げられる、挨拶、対話、繰り返し、と諸処で繰り広げられる好意の噂話、これらが巷に渦巻いて、それがまた話題を呼び、波及効果を呼んで行くのであります。

筆者の経験では、全社上げての理解をもって真剣に取り組んだ場合、数ヶ月で効果が現れ始めるものから、効果に数年の必用があるものまでを、一応列記をすれば、その効果の順番は以下の通りであります。


a・入場顧客が増える。（思いだし効果、人気が出てきた）

b・カード売上が顕著に増える。（従来からあるカードも稼働を増加させはじめる。）

c・外商カードにも伸びが現れる。

d・自社よりも下位にある百貨店売上にブレーキがかかりはじめる。

e・効果を認識し社内サービスがよくなる。志気が上がる。

f・競合百貨店にブレーキがかかり始める。

g・上位百貨店にブレーキがかかり始める。

h・地域の売上ランキング逆転。低位の百貨店が崩れる。


という順序であります。

取り組みの規模、市場の規模によって、表れ方の時間差はあるがこの順番は変わらないのであります。

以上で示したf・g・hの段階にまさか至るまいと考えるのは〝事実〟を知らなさ過ぎるのであります。

前出の例を再吟味する事を勧めるものであります。

カード戦略の採否によって百貨店間のランキングが完全に逆転した事実、百貨店の存亡がかかった事実が現実にある事に改めて注意する必要があります。

四、地盤形成

カードを梃子にした訪問による顧客開拓はまだまだ計り知れない威力を秘めているのであります。

訪問開拓に際しては、歓迎は受けるにしても、「待ってました」と言う顧客は皆無であります。

一応は大なり小なり拒否反応を示すものであります。

「買わない」「行かない」「カードは嫌いだ」「会費は嫌だ、二年目から取るのでしょう」、日常ご主人を尻に敷いているにも不拘「主人と相談して」という等、拒否に使用する言葉は見事に共通しています。

ちゃんと用意してある、愉快なお断り用語！。

・今、来客中なので。

・私は手伝いのもので。（本人が）

・今、火（てんぷらの）をかけたので。

この理由のとおりであれば、日本はどこの家もホームヘルパーを雇い、ホームパーティをし、てんぷらを上げている事になります。


〈表6〉

〈カード拒否の常用語〉

嫌い
使わない
持たない主義
現金で買う
紛失すると困る
主人から禁じられている
カードばかり増えて
遠いから行かない
又は「うちは○○よ」

では本当に拒否なのか。全くそうではないのであります。

頼まれれば一度は駄々をこねてみたい、或いは考えている間合いを繋ぐために拒否的な言葉を羅列しているに過ぎないのであります。

顧客に納得して貰って入会を戴き、辞去する際、必ずと云ってよいほど「ご苦労様、よろしくお願いします」というお礼を顧客から戴けるのであります。

これは何を意味するか！。

まさか顧客にお礼を言われるとは！。こうした事は、経験しなければ夢にも考えられない事でありましょう。

五、本音と建て前

帰社すれば「先ほどのカードは何時出来るのか」という問い合わせが入ってくる。つい先ほどまで「要らない、要らない」と拒否をされていたものが、これは一体どうした事か。事例を知ればまさに驚異の連続であります。

本音と建て前が如何に違うか。拒否は拒否にあらず、単なる駆け引き、駄々こねに過ぎないのであります。

そうしてカードを申し込んだ瞬間、入会の喜びと期待に溢れているのであります。瞬間にファンになったのであります。

無理に入会させることは非稼働につながるという机上論者があるが、全く顧客の心の綾が理解出来ていないのであります。

微妙な顧客心理が読めないで、顧客志向だ、顧客満足だ、ＭＤだ、顧客管理だ、企画立案だ、とはナンセンスであります。

訪問開拓をしていると、ある地域一帯が「うちはA！（百貨店名）」という一言で拒否反応を示す所に遭遇する事があります。

A百貨店社長の親戚でもなければ、関係者、縁者、知人友人でも何でもない。つまりA百貨店の外商及びカードホルダーの多い地帯なのであります。つまりA百貨店の地盤にぶつかったのであります。

国会議員がいう地盤とは、確かに存在するのであります。

地盤は一体誰が決めたのでしょうか。誰が決めたものでもありません。落選すれば猿以下という議員が必死の努力の積み重ねで出来上がったものであります。この地域内には当然、議員を嫌い、反対者がいるにも不拘、声を大にして反対を出せない雰囲気を形成しているのであります。これが地盤であります。

百貨店の地盤も現に方々に存在するのであります。この地帯では、ほとんどの人がA百貨店のカードを持ち、特別招待に招かれ、買い物の自慢話を聞かされ、A百貨店にあるブランド評を話されれば、私はB店（余程店格が上位なら別）が好き、量販店が好きとは云えないのであります。地盤は厳然とあるのであります。顧客はこの事を「この辺はAよ」（この辺の人はA百貨店一辺倒です）と表現するのであります。

では、一旦地盤が出来ればこれで安心だ、固定客作りはこれで完了かと言うとそうではないのです。国会議員が田の草取りと称して、地盤の手入れを怠らないと同様、百貨店においても自社顧客への接触、サービスを怠れば、地盤は「音もなくじりじり」と目減りをするのであります。

例えば、軒並みに、次に言うようなご挨拶を受けると要注意の段階を少し越えている状態を示しているものであります。

「昔はよく行ったわよ」「最近とんと、行かなくなったわね」「あら、懐かしいわね」「この辺は最近P社へ流れているようよ」と言う具合であります。

この事は追って解説しますが、いずれにせよ、顧客を放置する事、そのこと自体が論外な事であります。

訪問開拓に従事する際、沢山カードを持って戴いている地帯はもう開拓の余地がないと云う言葉を耳にします。しかし、事実は全く逆であります。

入会戴ける地域は更に更に入会をいただけるのであります。自分一人がカードを持っていない事は恥ずかしい事なのであります。こうして地盤は更に強化されるのであります。少し優良百貨店ならカードホルダーが地域世帯数の七五%〜八〇%という地域をかなり有していなければならないでありましょう。

「この辺は、皆もってるわよ」という地域が方方に欲しいものであります。

蛇足ではありますが、一定の地域を廻っていると、かなりの距離から「Qさんに世話になっている。」と言う言葉が返ったり。「この辺はPさんが廻っているよ」とお客が教えて呉れる事があります。

つまり前者は近くに社員が住んでいて、近隣の人に影響力を持ち、あるいは各種サービスをしている事を示しています。後者この地域を担当する外商員がこまめに名を売っていることを表しています。逆に社員の住居の隣までその社員の名が聞かれない人もいます。つまり、中元歳暮の勧誘、手伝い、友の会の勧誘、各種キャンペーンについてなんの働き掛けもしていない事を示しています。

色々面白い現象を併行して見る事が出来るのであります。

六、商圏拡大、他社地盤への侵入

訪問開拓は更に積極的な意義を持っています。従来疎遠とされていた地域への切り込み、商圏拡大、他社地盤への侵入であります。

座して固定客が出来る筈がないのであります。またこれが驚異的な威力を発揮するのであります。

比較的遠いとされている地域を訪問開拓する場合、「遠いから行かない」というお決まりの返事が帰って来るものですが、では入会しないのかと言えば、結局歓迎し入会して戴けるのであります。

入会を獲得するについての打率が若干少ないか、説得時間が若干長くなるかと言う程度であります。

むしろ訪問員が、遠いと言われるだろうと決めている事の先入観が差し障りになる方が大きいのであります。繰り返します。顧客は百貨店の訪問を歓迎し、入会してくれるのであります。

予期に反して遠距離で大歓迎を受け、膝元と思っている地域で拒否が強いと言う事もしばしば遭遇します。

全地域をまんべんなく訪問をかけるという事は、永年の地域との関わりの反省、思い違い、錯覚を知らされる事で極めて大切な事であります。

他社地盤と目されるところも同様であります。当方が勝手に思い込んでいるに過ぎない地域が案外多いのであります。

筆者は新しく、顧客開拓のご指導を引き受けた場合、筆者が開拓員を引率し、先ず自分で開拓をして見せて、実地教育をするのでありますが、初日に開拓をする練習地は、地域一番店、乃至競合店の付近、膝元を選定しているのであります。

その理由は、ここで開拓出来る証拠を示す事によって全地域が開拓可能である事、地域に先入観を持たない事、顧客にわけへだてしない事、百貨店が訪問すれば歓迎されると言う事実等などの実地教育となるからであります。

この機会に明らかにしよう。他店の膝元で開拓出来なかった経験はないのであります。むしろ牛蒡抜きというケースが多いのは皮肉であります。

七、汗して創る「目に見えない必勝の装置」

訪問によるカード顧客開拓は、カードが目的ではなく、カードめくり活動ではないのであります。

訪問と対話を通じて、地域の顧客の心をいくら摑むかと言う活動であります。

心のシェアをいくらにするかという活動であります。

この場合、コンピューター一〇〇台を連ねようと、POSを山と積み上げようと、人の心は摑めないのであります。

人の心を摑むのは同じ感情と感性を持った人間でしかないのであります。血の通った人間が対面と対話を通じフアンを創って行くのであります。

これしか最強で最適の方法はないと言っても過言ではないでありましょう。

ハード対ハードは必ず大が勝つ。しかし人で付けた差は追いつけない。人の差、ソフトの差は、劣るものにとっては決定的な差となります。

野球でもアメリカンフットボールでも、あらゆるスポーツの分野で、全国を制覇する常連校には「目に見えない必勝の装置」「勝利を呼び込むソフト、ノウハウ」が出来上がっているのであります。

百貨店が、拠って立つ原点に帰って、有効なノウハウを持ち、心からお客様作りに邁進をすれば、まさに他社を寄せ付けない「目に見えない必勝の装置」が完成するはずであります。

汗なくして、机上論を山積しても、機械を如何に連ねても、この装置は絶対に出来ないのであります。

第二章　固定客候補から真の固定客に

一、百貨店はなにをもって栄えるか（数字で表現されるものの限界）

①顧客の百貨店に対する評価

なぜA百貨店なのかという理由、またはある百貨店に行くか行かないかの理由は、案外単純な理由に集約されるものであります。

「好きだから」「嫌い」「感じがよい」「何となく」「明るいから」「何となく暗くて嫌い」「サービスがいい」「知り合いがいるから」「昔から」「のれんがあるから」「包装紙がいい」「信用できるから」「皆の評判がいいから」「気楽に行けるから」「イメージがいいから」「センスがいい」「ブランドがあるから」「うちは皆○○よ」「評判がいいから」「ついふらふらと」「つんとしているから嫌い」「駐車場が入れ易いから」というようなものであります。

結論も理由の一つであったりするが、百貨店の評判は、これらの数値で表わせないものが相互に反応しあって形成されているものであります。

しかし毎日毎日各戸をくまなく訪問し、千万のこの種の会話を繰り返すとき、これらが決定的な要素なのだ、これ以外に何の決め手もないという事に思い至るのであります。

百貨店の良し悪しはほとんどこれで決定し、すべてが〝感じで決まる〟という事実を知らされるのであります。

数字で表現されるものは、いかにも科学的に見えるものでありますが、数字がいかに無力であるかを毎日教えられるものであります。

考えてみれば、人生の大きな部分を占める就職も、その年度のイメージランキングが左右し、最終的には目をつぶっていわゆる企業イメージ、感じで決めるのでなかろうか。結婚も結局はしてみなければわからないので、最終決断は感じが左右するのではなかろうか。ましてや百貨店など、感じ一つで世論は刻々と変化するのであります。

数字で表現出来ないと納得出来ないというのは、返って極めて非科学的なのであります。日日、訪問、面接を繰り返し、将に延べ数百万人との面接を通して実感する事は、百貨店経営は経済学の範疇ではなく、心理学の範疇であると言う事であります。いかに顧客の心を摑むかに全てがかかる産業であるということであります。

②人手で開拓の意義

カードを通じ、カードを扱う上は、量を伴う事も必要ではあります。しかし、我々が狙う固定客戦略の前提としてのカードと言うものを考えるとき、単に量を集める事が出来ればいいとは考えられないのであります。

〝集めかた〟にこそ、それぞれの違った意味、違った価値を見い出すものであります。広告で、郵送で、店頭募集で、吸収合併でと、量が集まればそれでよしとは、到底考えられないのであります。

カードを集めるという形を伴うが、カードはあくまでも〝梃子〟であり、真の目的は訪問であり、なおその上に親しく会話を交わして加入を勧める行為が狙いで、この点が急所であります。

全戸訪問と会話がセットになる、これが狙いです。

従ってカードを扱うと言っても、クレジット事業部の領域に留まらない所以であり、全社ぐるみの固定客総合戦略の一環として捉えるべきであります。

よく、キャンペーンと称して、二、三人連れで販促物などを投函している姿に出会わすが、社内の精神運動としては意義もあるかもしれないが、これには殆ど価値を見いださない。なんとならば、会話を伴わないからであります。

極端な表現をすれば、会話を伴わない投函物は所詮ゴミにしか過ぎないのであります。

心細いからと、二、三人がかりで全戸軒並み投函をする予定が、もし仮に全戸軒並みを果たせず、跳ばし、跳ばしであったとすれば、価値は無を通り越してマイナス効果となるでありましょう。

何故ならば、跳ばして行かれた人の恨みを買うからであります。

「戸外に人影はなかった」、「跳ばしたことは分からない」と言うのは、世間の目の恐さを知らないからであります。世間は全部見通しているのであります。噂はすぐ駆け回っていると知るべきであります。

A社がある地域に数人を投入し、（それも誠実に訪問開拓を実行した場合）地域の人は、A社の熱意を即座に感じるのであります。地域に風圧がかかりA社旋風が巻き起こるのであります。

「この間から、この辺を人品いやしからぬ人人がうろうろされているので、何事が起こったのかと思っていたら、こういう事だったのですか。御社も変わりましたねえ、凄い事をするわねえ」という具合にであります。（噂から有る程度その地域に投入した人の誠実度から強弱まで分かる事もある）。

例え、カード入会は果たせなくても、（とは言え全く零では困る、当然獲得上のノウハウを必要とするが）とりあえず、訪問を受けた喜び、会話をした実績は、好意の噂となって駆け回るのであります。

③人の心を摑むのは人でしかない

人の心を摑むのは人でしかありません。コンピューター一〇〇台、ＰＯＳ一〇〇〇台を連ねても人の心は摑めません。人の心を摑むのは人でしかないのであります。

人と人が対話を通じて心を通わせて（双方向・ツーウエイが絶対の鍵）好意を積み上げて行き、やがて固定客にしていくのであります。いくら豪華であってもＤＭは片方向・ワンウエイでしか過ぎないのであります。

いくら金を掛けても、黙って投函したものはゴミと心得るべきであります。〝人手をかける〟。

人手と汗を惜しんではならないのであります。人手で開拓をするという事が何よりも貴いのであります。

貴いと言っても、単に精神を説いているのではない、前述したように開拓を開始しての効果が思いもかけず速い事に気がつかれたと思うが、事実がこうした事を証明しているのであります。

顧客は素直に反応して下さるものなのです。

要は顧客の懐へ飛び込むことであります。
④固定客とは
小売りに限らず、業をする者にとって、先ず、一番ほしいのは固定客でありましょう。

固定客とはなにか、いろいろな要素を拾ってみましょう。

住所、氏名、電話番号、家族まで有る程度以上わかっている、顔見知りである、従って声をかけられる、会話が出来る、先方が当方を指名してくれる、記録がとれる、フォローが出来る、当方の働きかけに反応してくれる、何らかのレスポンスがある、贔屓にしてくれる、来たら買ってくれる、読める、あてにできる、他を紹介してくれる、他の客を連れて来てくれる、宣伝してくれる、と言うような最低こうした要素がかみ合っているものでありましょう。

つまり、あてに出来る、頼りになる、見込める、というような好都合の顧客を多数得て、こちらのかたがたに繰り返し愛用していただき、それが循環し、評判を拡大し次の新たな顧客を呼び込む働きをする、この好循環の源泉になる方をいうのであります。

⑤固定客候補を真の固定客に

固定客戦略を展開する上で、まず前提として、必ずと言ってよいほど「固定客戦略の為のデーターベースの構築」をするとして、自己にとって好都合の顧客名をコンピューターに入力をするわけであります。これは当然の作業でありましょう。しかし、ここから先に錯覚というか、落とし穴があるのであります。自分のコンピューターに入れたら、即ち、自社の固定客かと言う事であります。

すこしあてに出来そうな顧客の名は、他社にも、どこの小売商のコンピューターに入力されているのであります。

当てに出来なくても登録されているくらいであります。

自社のコンピューターに入力したものは、あくまで固定客候補と知るべきです。自分のコンピューターに一旦入れれば自分の顧客だと言うのはひとりよがり、勝手の論理であります。真の固定客になっていないのであります。これは「固定客候補」であります。

第一、コンピューターにインプットした住所、氏名、生年月日、家族構成、勤務先、これに年収が加わろうと、更に詳しく、趣味、購読紙、希望するDMの記入などが加わろうと（活用出来ているかな？、エッ！、記入はして貰ったが、コンピューターにはいれてない！？）こうしたハードデーターはデーターの内には入らないのであります。これは索引の符丁、アウトプットの手がかりになるものであって、これを以て管理の基礎が確立ということはありません。またこれらハードデーターそのものも、刻々顧客属性が変わっているのが現実であります。

超A級顧客名簿と言えども一年経過をすれば三や五％の変更があると言います。通常AB級では二、三年もクリーニングをしなければ、二〜三割の空洞が出来ているのが自然であります。では刻々と名簿の手入れ（クリーニング）が果たして可能なのか、これは通常のことでは経費的にも物理的にも不可能であります。

さて、このデーターも、十中八九がまずＤＭに使うという、これしか手がないと言うのが大方の実情ではないでしょうか。

ＤＭを発送し、二〜三％のレスポンスで上々、なかには一〇〇〇に三つという自嘲も当然なのであります。

こうした技術的なことよりなによりも、一体、先方顧客自身が果たして自社の固定客と思ってくれているかという検証が為されなければならないのであります。自社のコンピューターに入力したから、自分が勝手に自社の固定客だと言ったところで、先方が果たしてそう思っていてくれるかと確かめる事が大切なのであります。

片想いではしかたがない、つまり関係が双方向になっているかということです。

顧客にとって、自社は〝ファーストマインドショップ〟（まず思い浮かべる店）〝私の店〟という思いを持ってくれているかと言う事であります。

二、双方向のヒューマンリレーション

固定客戦略の基礎は、こちらから訪問し、面談接触し、双方向の親しい関係に持ち込む事、さらに訪問して得られた活きた各種ソフトデーター（コンピューターに入りきらない注記を得る事、定型的に机上で企画し分類した枠に入らないような観察や注記、これが本

物の活きた情報であります）を活用していくことであります。

客に近づく時代、「個」の時代というのはこれであります。そうでなければ、ハード主体のコンピューター情報で一〇人一〇色の「個」をどうセグメントするのかということであります。

この検証とファーストマインドショップにするための実効を伴った働きかけがなされなければならない。従って、カードを梃子にした訪問開拓が現実に、実効を伴う所以のものであります。

以上のことから、従来の入力したというだけでは、通常言う睡眠口座は、大量に発生して当然のなりゆきのものであります。

三、自主、自署、捺印の意義

我々が顧客宅を歴訪し、カードへの入会を勧誘するとき、しばしば逆の立場ならどうするだろうとよく考えるものであります。

つまり我々が休みの日に在宅し、たまたま訪問してきた人に、こうも易々、住所、氏名、電話番号、勤務先、年収、家族構成、銀行口座などなどを記入し、しかも銀行印を押すだろうかと言う事であります。

ところが百貨店カードでは、比較的容易にこれが成立するのです。逆の立場を考えるときこれは正に驚異であります。

大体、自分の住所氏名を書く事自体が重要な事に属するものであります。その重要な氏名を集めて熱意を示すべく、署名運動があるのを見ても分かるとおりであります。また書いている手元を見つめられる事すら苦痛を伴うことであります。続いて勤務先、年収、家族構成などなど、与信する側にとれば事務上当然だと思っている事が、実は重大な事をして戴いているのであります。最後に銀行印まで戴くのであります。

印にもスタンプ印、認印、銀行印、実印と厳然たる順序や格があるのであります。印の中でも重要さで上位に属する銀行印を押して戴くのであります。

こんな大変な事が、初対面で成立するのです。

しかもお会いして説明し、捺印まで十数分で完了し、あとはお礼を申し上げて辞去するだけです。「なんとすごい」と、百貨店の信用、威力というものをいつも痛感するものであります。

くどいと言われるかも知れないが、こうも信用、威力のある百貨店が何故不振なのであろうか、何故、構造的に不適合という声が出るのでしょうか。

この自主申告、自署、捺印の重みをかみしめるべきで、ただカードが集まった、コンピューターに入力して終了では、経済的損失という次元のものではないのであります。

これは、顧客の好意、信頼、期待への冒瀆であります。

顧客はその一人一人がそれぞれ期待をよせて印を押してくださったのであります。その証拠にほとんどの顧客が入会申込を記入し、印を押したあと最終的には、必ず、ほっとした顔をされて、先方の方から「ご苦労様、よろしくお願いします」と言われるのであります。この感激をなんと聞くか、この期待を何と見るか。ここは絶対繰り返し力説したい事であります。

顧客は一人一人が期待に胸膨らませて入会を果たしたのであります。

将に「個」と「個」の期待を戴いたのであります。

ところが、百貨店側はコンピューターに入力して終了。さてDMと言うときには、予算上、この辺の地域はカットしよう、この年齢はカット、これは当社のターゲットではないと勝手な事を言い、「いわゆるマス処理」になるのであります。「個」で戴いたものは「個」で返すべきところなのに、「一個の物」「一データー」としてマス処理の対象物になってしまっているのであります。

こんなことを繰り返していては、顧客のレスポンスがなくなって行くのは当然であります。始めの段階から、百貨店側がその顧客の期待に応えるレスポンスをしていないのではありませんか。

顧客志向と百万遍唱える百貨店が、顧客の「心」に始めから応えていないのであります。

四、カードは決済手段にあらず

ここまで論を進めてくれば、ここで言うカードとは、いわゆるカードの機能、冒頭注釈を付けたようにいわゆるカードというプラスティックを論じているのではない事は明きらかでありましょう。

顧客開拓の為のもの、固定客の「証」、シンボルとしてのカードを言うのであります。カードは我国においては、必需品とは言えません。これを謙虚に受けとめるべきであります。○○店、○○百貨店に好意を持って戴いた、「○○のファンです」という証に持って戴くと心得たいのであります。

筆者はカードを決済手段と考えた事は一度もありません。

カードは心と心をつなぐツールであります。

第三章　マーケティングとコンピューターに入らないデーター

一、世間体と実体、本音と建て前

〝顧客宅を繰り返し訪問すると言う説明ですが、顧客にくどいというような苦情を受けませんか〟という質問をよく受けるものであります。

〝ソフトデーターが有効と言う事は理解できても、プライバシー云々の時代に、初対面で色々な情報が本当にとれるものですか〟という質問も受けます。

また地域差、アクセスの善し悪しなどについても同様です。

知らない宅を訪問する上に、しかも企業名を背中にしてであるので、慎重の上にも慎重でありたいというのは大切なことであります。

しかし、経験が教えることは、すべてにおいて先入観を持つな、総てに毎回白紙で望めと言う事であります。

平たく言えば、「お客にもたれて、甘えて行ってごらん」と言う事なのであります。

おおよその傾向というものがあることは必ずしも否定しないが、一戸一戸、行ってみなければ分からないと言うのが、体験で摑んだ実感であります。

顧客は甘えて行けばいくらでも甘えさせてくれるものであります。

百貨店人は、入社以来、苦情苦情で育ってきていて、実は、顧客を大切にという言葉の裏に、口には出さないが、秘かに失敗しないように、お客は恐いという気持ちを持っている事を否定出来ないのであります。

ところが、一体どうした事なのでしょう。数百万戸訪問の影で、前述のように、本格的苦情など一件も受けた事はないと言って過言ではないのであります。（前にこんな事があって不愉快だったというような回顧談や、お話を聞かされると言うことはあっても、来訪開拓者への苦情は全くないと言って過言でないのです。絶無です。）

筆者は「お客に甘えて行け」「もたれて行け」と指導しているのであります。懐に飛び込みお話に行く姿勢さえあれば、極端に言えばどんな事にも答えてくれるものであります。

さあ何か有効なデーターを取ろうとか、なにか質問で得ようと意識するから、アンケートを取りに来たというようなものの言いかた、つまり及び腰だから、その姿勢が先方に感じられ、反映し答えないのであります。また答えても建て前しか答えないのであります。

顧客は当方の姿勢の投影なのであります。お話と質問とよく似ているという事であるが、違うのであります。紙一重、構えている事と、接近している事との相違なのであります。ましてやデーターを取ろうという魂胆では、「プライバシイの侵害よ」となるのであります。

親しく接すれば、当面入会してくれなくても、恐らく第一回目の訪問では顧客はこう応えるでしょう。「あなたのとこでこんな事するの、変わったわね。」第二回目の訪問では、「ご丁寧に」第三回目では「あなたのところいやに熱心ね」「あなたのとこ、この頃業績いいらしいね」。第四回目では「この間ことわったが、入会するわ」「便利らしいね」。第五回目では「うちは○○よ」（私の店という表現をしてくれる）或いは「持ってるよ（カードを）、いつも案内貰ってるよ」と飛び出して来て戴けるのであります。

何度も訪問したら苦情になる?実際は、その逆なのである。顧客は何度でも挨拶を受けたいのです。何度でもエールを交換したいのです。

もしその時に持参したパンフレットはゴミではないのです。○○百貨店が持ってきてくれたと自慢出来る資料なのであります。

情報過多の時代、情報が氾濫している、と物知り顔にいうが、顧客に取って、本当に必要な情報は案外欠乏しているのであります。

「エ!本当、知らなかった」「そんな賢いことがあったの」「覚えておくわ」「そうらしいね、一度確かめたかったの」「聞けてよかった」。

氾濫している情報と言うのは、各各が自分の都合で流している情報、勝手情報なのであります。それも一方通行・ワンウエイで流して到達率云々と称しているだけであります。訪問に疑問を抱く人にさらに例をあげよう、我々が集合して記念写真を撮影した場合、写真が出来上がって来たとき、我々はいったいどこを見るでしょうか。

先ず、一斉に自分を確かめるのです。幽霊でない限り、写っていることは確実であり、大丈夫なのですが、先ず自分をたしかめてから、やおら他へ目が移るのであります。

顧客が、自分自身の存在を認められる、挨拶を受ける、と言うことは、年齢、貧富に関係なく好ましい事なのです。

挨拶と言うとなにか、日本だけのとか、因習のように感じる自称文化人も多いだろうが、国際社会においても、元首の訪問によって世論は変わるのです。

こんな経験の事実を述べよう。ある家を訪問し、主婦が留守で、かなりの年輩のおばあさんは説明が理解できず、噛み合わないようだったので、お買得情報を渡して辞去しようとしたら、その方は「これだ」と叫んだのです。

「いったい、これとはなんですか」と質問したところ、「実は毎日通っている病院で、知り合いのおばあさんが、R百貨店が訪問して来て、帰りにこれを呉れたと言って、このチラシを見せびらかして威張った。これが悔しくてたまらなかった。まさしく、これだ」と喜んで戴いたのです。

訪問には、理屈抜きで、白紙で訪問する事を勧めます。顧客が全てを教えてくれるものであります。

世間体と実体がいかに違うかと言う事もわかります。

世間で無責任に、この地域はいいところ、グレードが低い所、などと言うが、世評と実体がかなり違う事も多い。

道一つ隔てて、こちらはA百貨店のファン、こちらはB百貨店のファン、百貨店に行かない人と言う具合に、固まっているという現象も多い。

第一次分譲の地域と第二次分譲の地域で贔屓の百貨店が歴然と違う事もある、団地の大マンションで棟によって、或いは極端な場合、階によって贔屓が違うという事等はざらにみる現象である。何かの〝縁〟や〝手がかり〟の違いなのです。

諦めず全部訪問して見ないと全く分からないものなのです。

二、年金の実力、注記が鈴成り

ある議員に某百貨店の外国支店を紹介せよと依頼された事があります。聞くと「後援会の旅行で行きたい。実は参加者はほとんど全員が家人から勧められた年金老人で、全員がほぼ三〇万～四〇万を持参する。この人たちが一斉にブランド云々と土産物にラッシュするのが恒例である。これには何時も世話に困っている。ついてはその支店に全員を連れて行けば、世話の困難が解消する」という趣旨でありました。

年金パワーを改めて知らされました。

以前では年金は審査上問題外という姿勢が多かったのでありますが、最近ではほとんどが年金を審査対象としているようであります。

それでも「年金、独居」ともなれば全く問題にされない事は確実であります。

しかし入会申込紙上で審査が独居、年金と仮に読み取っても、間違いと言う事が多いのであります。

真の孤独は案外少ないものなのであります。子息同居を記入していなかったり、近所に娘が結婚してすんでいたり。主人はいないが子や孫がいたり、老人側が同居を返ってわずらわしいと拒絶していたり、条件は多々あるのであります。

面接、会話を通じればこの問題は解消するのであります。年金老人は喜喜として応えるでありましょう。「主人はもと○○に勤めていて、息子は先生をしていて、娘は……。この刺繍は自分がカルチャースクールでつくった。この間北海道へ行って云々。」と、記入すべき欄は全部埋まるのであります。

某大都市郊外で、ある量販店がA級信販会社とタイアップして発行しているカードを勧められて申し込んだにも拘らず、年金老人が、軒並み拒否されたというのに出会いました。そこはどこも百坪以上の邸宅で、揃いも揃って一人暮らしでありました。

聞いてみると、主人が会社役員であるが他地方で勤務している、従って自分は無収入だから無収入、一人暮らしと記入したと判明しました。

隣家のケースは三代続いた医者の主人は死んだが、子息は有名企業の課長で大阪勤務、次男は東京の官庁勤務。したがって自分は無収入、一人暮らしと記入したようなのです。

さらに隣は、主人は某大学教授で研究上、殆ど山暮らしが多くしたがって一人暮らし、長男は外国勤務、長女は某外国大学の助教授である。したがって申告は、自分は無収入、一人暮らしと記入した。ということでした。

このまま、記入を受け付けたと言う事も驚異であるが、紙の上で審査した方も何の疑問も質問も調査もしなかったというのも驚異でした。

この方方は年金と言え、現役以上に可処分所得が多いのです。

こうした失礼は、今まで述べて来たような面接、対話では起こらない事です。逆に、さらになんと、貴重な注記が豊富にとれる対象でもあります。

以上は年金を救えという為の話題ではありません。訪問、面接、対話によって得られた注記（活きた情報）が、無価値を一挙に価値有るものにするのです。

注記を鈴生りにしようと呼びかけ、ご指導しているのはこれであります。

注記は会話ばかりでなく、観察したもの、手がかりになるものが全てであります。家の構え、庭の手入れ、靴や履き物の整理整頓、干してある布団、趣味、車、無職と言いながら三台入る駐車場を持っている。裏に文化住宅を経営している。お茶、お花の師範、ゴルフバッグ、玄関の置物、旅行土産、近所との付き合い、人の出入り、活気があるか、などなどその人に付いての手がかりはいくらでもあるのです。

コンピューターに顧客情報を入力し、顧客戦略を展開するにあたり、決まって以下のように企画が述べられています。

「緻密なデーターベースの構築」「属性情報に購買情報をかけ合わせ、従来見えなかったものを活用する」「購買歴から次の購買を予測、導き出す」等と顧客情報の活用に大きな期待が述べられています。

ルイヴィトン、エルメスの購買歴から次はティファニ、コペンハーゲンかガレであるはずだ。と仮にも類推がなりたてば、是非そうでありたいと思います。

もし筆者が、頻繁に豆腐を買えば、次は葱と鰹節のご案内が戴ける事になるのでしょうか。それとも馬鹿にされるでしょうか。

コンピューターが人の心をつかみ、これを掛け合わせる事が出来るかなあ、本当かなあ。

と危ぶむものであります。

注記をみて「お庭の柿の木、もう赤くなりましたか」「あの時のお嬢ちゃん、歩けるようになりましたか。」と言う素朴な問いかけには、顧客は「しびれる」のです。「エ!そんな事まで覚えていてくれたの」と。

申込書記入欄に予め設定されていない情報や、コンピューターに入り切らない情報、手掘りの情報、これが「個」に近ずく決め手であります。訪問開拓すれば、結果として修得されていくものであります。

第四章　大量開拓と質との関係

一、与信部門と顧客とのすれ違い

本書では、固定客作りの基本は、開拓路線、つまり訪問、面談を主軸とする事であると考えているものであります。

一軒一軒を訪問し、会話をかわし、家そのもの、家族の様子、暮らしぶり、趣味性などを観察し、説明と納得の上持って戴いたカードは当初から、かなり稼働しやすい条件にあります。すかさず働きかける事によって稼働率は格段に高いものになります。

〈表7〉は、Q百貨店での開拓半期の実際であります。

表を簡単に解説しましょう。総勢X名で開拓し、延べ四、三〇〇人を投入、約三四万軒を訪問し、お会いしたのが約一一万人であります。そのうち自社カードを既に持って戴いている方が約二万五、〇〇〇人、他社カード保有を明言してその理由で拒否をした（他社の比較的堅い支持層）が約七、〇〇〇人。入会獲得が約三万六、〇〇〇口座であります。審査が若干遅れてくるので、その時点で発行したカードは約三万枚である事を示しています。

ここで注目したいのは、審査で発行がずれて遅れることはやむをえないにしても、入会

〈表７〉
平成Ｘ年の半期間における顧客開拓実績。

		１人１日
実稼働延人員	4,300	
１．訪問	341,965	79.5
２．留守	229,995	53.5
３．面接	110,972	25.8
４．自社カード有り	25,170	5.9
５．拒否	42,709	9.9
６．他社カード拒否	7,335	1.7
７．成立	35,760	8.3
８．１人１日平均開拓数	8.3	
９．成約率	41.7	
10．在宅率	32.5	
11．カード登録	29,927	
12．カード利用件数	28,961	
13．売上高	842,334千円	
14．１件当単価	29千円	

申込のほとんどを拒否（ネガ）なしに受付けている点であります。

開拓口座のほとんどが発行口座となり、この時点での発行は約三万口座、そのうち、早速購買活動をしたのが約二万九、〇〇〇口座と言う事実であります。つまりカードが到着するやいなや購買をしている事を示しています。

稼働率は極めて高いと評価出来るのであります。

これほどでなくても、訪問、面接、対話を通じてお願いし納得し入会されたものは、当初から危険性は殆ど零に近く、稼働率も高いものであります。

結果、約八億四、〇〇〇万円という売上げを新たに創造したことを示しています。

なおこの売上げは、開拓が零から蓄積して行っている事、更に与信が時間的に若干遅れてついて行くのですから、約二万八、〇〇〇口座が当初からフルに稼働している訳でありません。

従って、この口座が、当初からあると仮定するならば、約一二億は下らないと考えられます。

しかし通常はこうは問屋が卸さないのであります。

幾多の経験上、担当部門と顧客に重大なすれ違いが生じるからなのであります。

このすれ違いについて解説をしておきます。

カードは日本にあっては必需品とは言えません。お願いして持って戴くものであります。これを謙虚に受けとめるべきであります。

カードは心と心をつなぐツールであります。私は、A百貨店のファンですという証として持って戴くものと心得たいものであります。顧客は、頼まれたから（勿論利便性を理解し訪問者に好意を抱いた結果としても）「持ってやった」「持たされた」と言う考えが強いのであります。

ところが、片やカード担当部門、管理部門や提携カード会社としては、審査の失敗が即損害を招くことであるので、この防衛が習性化し、「信用を供与してやっている」という発想が極めて強いのです。極端な場合はこの考えを顧客に向かって口にする事もあるのであります。

Z百貨店の例では、一流カード会社と提携をしているのでありますが、このカード会社の与信係りは、在籍確認などの電話で、顧客の答が悪いと「そんな事ではカード発行が出来ませんよ」と言うような高圧的な態度に出る事が多発したのであります。つまり信用を与えているのだと言う発想が極めて強くそのまま言葉態度に現れているのです。

顧客にしてみれば、「持って下さいと頼まれて入ってやったのに、その態度はなにか、もう要らないよ、キャンセルだ」となる次第であります。

〈**表8**〉のNはそのカード会社が審査の結果、ネガにしたもの、Cは顧客が無礼を怒ってキャンセルしたものを表しています。

折角汗を流して獲得した候補がかくも多く、無惨にも潰れている事実に注目していただきたい。

「入会してやった」という意識と、「信用を与えてやる」が、こうも見事にすれ違っているのです。実はこのNについても、この一流カード会社にすれば、大幅に審査基準を甘くして百貨店に協力した結果なのでありますが（通常審査では、実際にこのカード会社はもっとNが多い、これは各方面の情報でも裏ずけされている）。

ここで問題は、審査ではねられた顧客は百貨店を恨むと言う事です。

審査が本当の意味で正確であれば問題はないだろうが、担当部門、特に提携カード会社にすれば、自分にとっての書類不備、記入漏れ、評価点の不足、机上では判断出来ないが自分の業績に係わるので念の為はねてNにしておこうと言う事でしょう。しかしこういう事が多発し、二割も三割も或いはそれ以上も拒否（N）とすると、期待に胸踊らせて入会した善意の顧客は次々と突然脳天を叩かれたようなショックを受けるに違いない。恨まれるのは百貨店自体と言う事を真剣に受けとめるべきであります。

審査を曲げて甘くせよと言う事では決してないのであります。

〈表８〉　某百貨店の顧客の審査結果

451		481	2631	511		541	Z	571	2852	601	3205	631	3065	661	3066	691	3150
452		482	2849	512		542	○	572	Z	602	3099	632	○	662	3236	692	○
453	2781	483		513	2786	543	2847	573	3207	603	3104	633	Z	663	3077	693	3111
454	2568	484	2562	514	3071	544		574	3093	604	Z	634	3081	664	3076	694	3110
455	○	485	2567	515	Z	545		575	3113	605	3112	635	3307	665	3097	695	
456	○	486	2577	516	2796	546	3089	576		606	3114	636	2810	666		696	3231
457	2782	487	2623	517		547	2848	577	2825	607	3042	637	3054	667	3045	697	3233
458	2574	488	2636	518		548		578	○	608	Z	638	3059	668	3339	698	○
459		489	2315	519		549	○	579	2833	609	3050	639		669	3184	699	Z
460		490		520	3102	550	2846	580	3049	610	3051	640		670	3234	700	Z
461	○	491	2839	521	3058	551	2809	581	2834	611	3088	641	3188	671	Z	701	○
462	2588	492	2804	522	2831	552	2850	582	3073	612	○	642		672	3064	702	○
463	2608	493	○	523	2835	553	2853	583	2845	613	3090	643	3082	673	3235	703	3244
464	3079	494	2792	524	2801	554	2854	584		614		644	3196	674		704	3241
465	2625	495	2851	525	2838	555	3247	585	2857	615	3314	645	3199	675	Z	705	
466	2633	496	2806	526	2837	556	3109	586	3108	616	3116	646	Z	676		706	
467	2569	497	2805	527	2800	557	2813	587	3055	617	○	647		677	○	707	3242
468		498	Z	528	2843	558	3248	588	3323	618		648	○	678	○	708	3245
469	3189	499	2609	529	○	559	Z	589	3072	619	Z	649		679	3115	709	3309
470	2595	500	2795	530	2811	560	2856	590	3198	620	3052	650	3238	680	3183	710	
471	Z	501	2780	531	2858	561	2799	591	3043	621	3053	651	3197	681	3061	711	3312
472	2606	502	2785	532	2828	562	2836	592		622	3063	652		682	3060	712	3246
473	2603	503	2784	533	2788	563	Z	593	○	623	3067	653	3094	683	3308	713	3304
474	Z	504	2797	534	2865	564	2821	594	3056	624	○	654	3204	684	○	714	3315
475	2637	505	2808	535		565	2822	595	3070	625	3074	655	3318	685	3078	715	
476	○	506	2807	536	2823	566		596	3083	626	3075	656	3206	686	○	716	
477	2601	507	2812	537	2793	567		597	3096	627	3080	657	3208	687	3105	717	3240
478	2612	508	2814	538	○	568	3338	598	3098	628	3084	658	3209	688	○	718	3239
479	2616	509	3313	539	2844	569		599	3103	629	3057	659		689	3101	719	3243
480	2302	510	2855	540		570	3092	600	3095	630	3320	660	3230	690	3091	720	

机上審査が実体を掴んでいない事が多いのであります。

訪問の場合、すべてを観察している、またNに該当するような人、自ら拒否の心あたりのある方は先ず申し込まれないものです。この点、現実はうまく出来ているものなのであります。

二、机上審査と確認

この際、審査がどうあるべきかについて若干述べておきたいと思います。

提携カードであれば、提携カード会社が銀行系か信販系かによって、審査の姿勢ノウハウが若干違うようであります。

銀行は本来不動産等を抵当に信用審査をする事を専門とし、得意とするという建て前になっています。しかしその建て前も、あるとされている与信力も、銀行に対する政府資金投入等をみればあやふい話でもありそうです。

したがって、銀行系列のカード会社は人物に対する与信においては、信販系クレジット会社より後発と言う事になります。

いずれにせよ、提携百貨店側も与信が厳しいのは信用上当然であろうとか、カード会社が一流だから厳正なのだと考えたり、或いは厳しいのは自社の損害防止上有効と考えている節があります。

二割〜三割をはねる事についても、厳正審査だから当然と受けとめている節もあります。

しかし、これは大変な事をしているのであります。

(前出のN及びC参照)

では一般にどんな審査をしているのでしょうか。「コンピューターを使って厳正に行っています。自社ノウハウは万全であり、これは企業秘密で明らかに出来ません。」と言う返事が返るのが常でありますが、基本に流れているのは、スコアリングと言う方法であります。

スコアリングとは文字通り、スコア(点数)を加算していく事であります。つまり、定量分析であります。

仮に一部上場企業の部長以上は何点、係長何点、一般社員何点、上場でない企業では何点、何点、何点。住宅を自己所有していれば何点、居住年数の段階によって点数が決められていたり、アパートに居住は何点、マンションに居住は何点、年収の段階によって何点、何点といった具合です。

妻帯者は何点等など、各種サイドからの点数表をもって、その点を加算していき(スコアを取って)何点以上は与信審査合格と言う事であります。

ノウハウの違いというならば、経験によって点数表とウエイトの差の読み方が違ってくるということであります。

コンピューターを使って云々と言う事は、処理数が全国的に膨大であるからであります。一つ一つについては、所詮、点の加算作業であります。（暗算でも出来るかもしれない）。コンピューターが不思議にも、その人の人格そのものを丸ごと読み取り、ご宣託を告げる訳でもなんでもないのは当然であります。

記入に不備があったり、記入が枠にはまっていなければキイパンチャーがミスをして飛ばしてしまう危険もありうるのであります。（と、カード会社からも事実聞く事もある。）

この定量分析は、言い方を変えて、平たく言えば、世間体ということであります。ところが世間の実体必ずしもそうでないことは、訪問開拓をすれば、毎日幾多実体験するところであります。

申込用紙の所定枠に記入出来ないようなストックや信用、副収入、ゆとりある暮らしぶり、の数数をみております。また逆に張り子の虎と言うようなお宅もあるのです。

三、審査すべき事はなにか

カードにおいて、一体審査すべき事は何か。

与信はカード使用の結果「立て替えられた借金を返す」という誠実さを見抜く事であり、買ったものは払う人かどうか、ツケは払う人かどうかを見分けられればいいわけであります。

つまり、各種手がかりを分析して誠実かどうか、ツケは払うか、というような人柄を見抜けばいい訳であります。いわゆる定性分析が必要なのであります。

またカードでものを買うと言っても、土地や家を買って戴くためのものでなく、与信枠は青天井ではありません。

与信限度は、通常せいぜい三〇万から五〇万というところであります。

一般に流通系カードにあって世間で言う一級信販会社と提携したカードの年平均ショッピング使用金額は一五～一六万というところでありましょう。百貨店においても現に年間購買二〇万円でポイントの率を変えているところが多いのではないでしょうか、つまりこの金額が一つのレベルの節に相当するのであります。

この金額を、月に直せば平均二～三万であります。不況とはいえ、今の日本で自分の買った二～三万が返せない人がはたして二割も三割もあるのかということであります。要は、自分のツケの二～三万を期限に払うと言う人であれば良い訳であります。

百貨店が自社与信をしている場合、下敷きは当然以上述べた先発カード会社の審査であり、ノウハウは基本的には大同小異であります。

申込用紙のスタイル一つ、記入を必要とする項目を取っても、引き写しをしたものを他社がまた引き写しをしているのが実体であります。コンピューターに入れない項目まで、念のため採集出来るものはなんでも記入させようと項目をいじったりの工夫?はあっても、顧客を読み取るのは何が最低必要条件か、将来どの項目が活きるのかという事に対して特別の研究もなく、記入させられるものはなんでも書かせて置こうと感じられるものが多いのであります。「これは入力しているの?」と質問すると、「いやこれは入力していません、実際には使っていないのです」という正直な答が返る事が多いのであります。

B社がA社をC社がB社を順番に写して来た事もあるのではなかろうかと思われます。この際、笑い話ではありませんが、申込に必要な印の数も担当部門の思考の柔軟性、企業姿勢が観察出来て面白い。筆者の経験した中で、審査の担当部門が要求する印の数の一番多いのは、某百貨店の八ケ所。一番少ないのは、金沢名鉄丸越の出来れば二ケ所、最低では一ケ所で可というものであります。八ケ所も正確に印を押して戴くともなれば、いくら心臓が強くても汗が出ます。一番下の用紙には一枚目の記入が殆ど写っていない、かなりの筆圧を必用とし、歯を食いしばって書いて下さいとでもお願いする必要があるくらいであります。

これなど、管理思考が全てに優先している例であります。別にカードに限らず、どこの百貨店でも随所にこういう現象があるのではないでしょうか。

ところが八ケ所必要とする某百貨店が、一ケ所で可とする金沢名鉄丸越より間違いがなく、カード効率もよく、未収残が少ないかと言えばそうでもないのです。むしろ逆です。名鉄丸越しの稼働率、回収成績はともにトップレベルにあり、優秀さは高く評価出来るのであります。

百貨店の通常の自社与信については、大体が先発カード会社の引き写しが多いとは言え、訪問開拓を一旦、採用された百貨店においては、与信について大きな変化、向上が見られます。つまり、訪問面接、会話情報、観察の注記等の情報に信頼を持つようになり、桁違いに与信精度が向上し、不必要な与信拒否が激減しています（Nは殆どないと言える）。それでいて訪問開拓カードによる間違い、回収不能は桁違いに少ないのであります。

四、大量開拓と質との関係

よく大量に開拓すれば、質が悪くなりませんかという質問を受けるものであります。

簡単に、顧客に向かって「質」と言う言葉が発せられる事にまず驚かされますが、この場合、回収不能客が増えないかと言う質問でありましょう。答は、回収不能客は増えないいのであります。

訪問、面接、観察、会話、納得のコースは、先ず万全であります。

この機会に、よく一般に「良い客、悪い客」と簡単に言いますが、これについても述べておきたいと思います。顧客が当初から良い客、悪い客がある筈はないのであります。

一般にX百貨店でA級の客がZ百貨店ではC級の客、X百貨店でC級の客がZ百貨店でA級の客という現象が随所に見られるのであります。どこの百貨店でも万遍なく購買出来る顧客とは皆無でありましょう。

どこかで買い物をすれば他では買い物が減るのは自然であります。始めから良い客というものはありえない。失望を与えず愛顧を重ねながら顧客は成長して行くのであります。こちらが失望を与えて去って行けばいわゆる悪い客になるのであります。

悪いのは一体どちらなのでしょう?。

悪いのは百貨店サイドであります。

折角の顧客の心を逃がした方が悪いのであります。

五、無理に勧誘をする?

顧客は一般的に、訪問を歓迎するとしても、さて入会を勧誘したとき、「待ってました」

という事は皆無であります。最初は、一様に「いらない」「カードは使わない」「そちらへ行かない」「主人と相談して」「またの機会に」などなど、簡単には入会をしないものであります。しかし説得を続ける内に納得して入会の決心をするものであります。

簡単にOKしないのは、いろいろな拒否を思わせるような言葉を発しながら、考えているのであります。決して絶対の拒否ではない。俗な言葉で言うならば三味線を引いているのであります。その証拠に一旦ご記入戴いたあと、「このカードは何時出来るの」「お世話になります、ご苦労様」と逆に感謝を受けるのであります。

表面的現象をみて、無理に開拓する事は顧客商売上、好ましくないと言う意見を言う人がありますが、人と人との心理のやりとりがあまりにも分かっていないのであります。

拒否は拒否でないのであります。

一般に売り場の販売においても、無理に勧めるなと言う指導がなされています。

無理という抽象的な指導を受けた販売員は熱心にしたら叱られるのかと錯覚するのでありません。そうでなくとも只立っているだけの販売員ばかりになっている昨今です。顧客は「これお似合いですよ。」と背中を押して貰えるような決定の動機が欲しいのです。

〃迫力有るお勧め〃が欲しいのです。

当たり触らずの応対をして、只運がよければ入金に行く、呼ばれたから入金に行くと言うものであっては販売員と言う事は出来ません。迫力あるお勧めと、粗雑なお勧めとの相違を上司は実戦の上で指導しなければなりません。上司自身が実戦を知らないから、無理に勧めるなよ、と言い残して会議へ出て行くのであります。

訪問開拓においても同様であります。迫力ある勧誘が必要なのです。

大体、顧客にとって、カードは手続きさえすれば、極めて少額の経費或いは経費の全く負担なしで、数数の特典が受けられるのであります。何の迷惑をかけるものでもない。顧客サイドにメリットだけあるもの、喜んで戴けるけるものであります。

これを勧めるのに何を尻込み、おずおず訪問をしなければならないのでしょうか。

迫力あるお勧めが当然なのであります。

大の社員が二〜三人連れだって投函だけ、しかも飛ばし飛ばしが無理のないお勧めと言う事では決してないのであります。

第五章　商圏はコンパスで決めるものではない

一、顧客作りは自らの手で、邪魔になる？カード

カード戦略には、なんと言っても、ある程度以上の量を伴う必要があります。量が確保されないカード戦略は所詮維持不可能であります。従って、各百貨店とも量の確保の為に様様な努力をしております。

開店時のキャンペーンは当然、申込用紙の配布、テイクワン、店頭での勧誘及び受付、従業員による訪問キャンペーン、従業員に一定のノルマを与えて勧誘をする方法、提携銀行に協力を求める方法、系列企業に依頼、などいろいろな苦労をしているわけであります。

しかし、稼働するカードは、常日頃来店している常時顧客がその店のすべてを承知の上で来店時に自ら入会手続きされたもの（常時顧客の自らの意志による再固定化）を除けば、他人の手を経ないで、自らが、自らの為に、自らの手で、強い意志で開拓したものに尽きるのであります。

その他の方法に依存したものは、所詮睡眠すると言って過言ではありません。

例をあげてみましょう。某百貨店（仮にA百貨店としよう）で、改装して再開店をはたしたものの業績は期待に反して何割減が連続していたのでありますが、たまたま筆者が縁

あって、固定客戦略のご指導に参画したのであります。

先ず手始めに全戸に訪問をかけると、次々と軒並みに答が返って来たのであります。「持っているはずよ、たしかSさん（S銀行名）に持たされた」「たしかもっている筈よ、たしかNさん（N銀行名）に持たされた」と聞かされたのであります。

この場合、「持っている筈よ、確か云云」という言葉に示される事から分かるように、稼働していない事は明かであります。これなどは銀行が自社の通帳の稼働促進（引落し口座化をすれば、銀行にとっての睡眠通帳が活性化する。そうして通常の場合、顧客は引き落とし用に、念のため、買い物が一万円くらいなら三万円位を入金をして置くという）を兼ねて百貨店からの要望に応えて銀行特有のノルマとして奮闘した結果なのであります。顧客にとって、買い物の楽しさ特典が不徹底のため、銀行への義理立てに終わっているのであります。

これが「たしか持っているはず。S乃至Nに持たされた」と言う返事になるのでありまず。言葉通り「持たされた」のであります。つまり建て前は、軒並み保有した事になりながら、現実は軒並み死口座化しているのであります。活性化の手段を別途に講じないかぎり、これら顧客は勧誘対象外である上に、当面は動かないカードになっているのであります。

A百貨店では、また、次に述べるような経験もしたのであります。同じ地域に居住しながら、ある顧客は「私はB店（本店）のカードを持っている」「私はC店（支店）のカードを持っている」と表現されるのであります。全社統一の共通カードでありながら、勧められた店舗へのロイヤリティが高いのであります。つまりB店C店はそれぞれが、「私の店」なのであります。つまり全A百貨店の共通カードを持っている意識は少ない事がわかります。

こうした経験から、カードは手段、方法、ルートの関係なく方々に依頼したり号令をかけて、ただ集めればいいというものでは決してないと言う事がわかります。

自らの意志で、自らの手に依ったものだけが、真の自社のカードになるのであります。

カードを、「かき集める」ということでは、こんな例もあります。

Q店では、命をかけての大規模出店に際し、あらゆるコネを総動員してカード所有を依頼したところ、開店迄に約数万口座、引き続き初年度にして約十数万口座を獲得するところとなったのであります。

ところが、開店して約一二ケ月経った時点で、与信が思いの外進行しないので、約三分の一位の口座が未発行でずれているというのです。これには、一挙に獲得したため、物理的に与信能力を越えた等、種種の理由も考えられるのですが、先ずは、各方面の人から人を介して、戴いて来た申込用紙であるため、恐らく記入漏れ、記入不充分などが多いのではないのでしょうか、さりとて一枚一枚が義理と義理を経由してきているものであるため、むげに拒否は出来ないという事になり、与信スピードが遅れているのではないかと推測されるものであります。

二、遠い近いは心理的なもの

ある百貨店（仮にG社としよう）の例をとってみよう。

地下鉄で北へ十数分の地域を訪問開拓したとき、顧客は軒並み「遠いから行かないよ」「遠いから行ったことがない」を連発されるという事に遭遇をしたものです。そうとは申せ、結局は「折角来訪されたのだからこの機会に入会しよう」と言う事になるのでありますが、百人が百人とも口々に「遠い」「遠い」を連発されたのであります。

一転して、南へ開拓訪問したときは、電車で三〇分四〇分の距離であるにも拘らず「近いからいつも行くよ」「近いからね」と言う好意ある答が沢山寄せられたのであります。

こうした現象は別にG社に限らず、各百貨店とも方々で同様に見る事が出来る現象なのであります。

一見すると、誠に不思議な現象と思われるかも知れません。

顧客が遠いとか近いとか言われることは、必ずしも距離を言うのではありません。遠い近いは心理的なものなのであります。

親しいと近く、親しくなかったら遠く感じるのであります。

決定的なアクセスの相違がない限り、この遠い近いはあくまで心理的なものであります。

親しい場合は近く、疎遠な関係にあれば物理的に近くても遠い。

馴れれば近く、不案内なら遠いのであります。地域全体が一斉に口を揃えて、遠い、近いと同様な発言をする。ここで始めて、その百貨店がその地域とどのように接してきたか、頭から商圏と考えずに放置してきたのか、商圏のつもりであったが、顧客からは親しいと思われていなかったのか等など、商圏の度合いを再確認するところとなるのであります。地域密着とはどこの地域をさしていうのでありましょうか。一般的なかけ声をいうのであるか、具体的なのかがわかるのであります。

更に例をあげてみましょう。訪問開拓を行った場合、電車で三〇分のA地域で遠い遠いを連発されたため、ここから先は少し困難のようであるので、とりあえずこの地域以遠の開拓は後回しにするとか、あるいは見合わせようとか、また或いは商圏と見なさないで中止にして、近場を固めたいというような案を相談されるケースがあります。

こうした場合、必ず、その先へ進むよう進言をする事が多いのであります。果たして、それより五分一〇分遠いB地域で思いがけず「近いからよく行くよ」というような好反応を受ける現象に遭遇する事が往往にしてあるのであります。

つまり、アクセス、時間、距離、地域性、競合の存在、などへのこだわり、思いこみ、決めつけ、という既成概念に問題があること、〝やってみよう〟と試みる努力が必要である事を教えるものであります。

この事は逆に、顧客側からみれば案外贔屓客が多い地域であるにも拘らず、百貨店の思い込みで、接近が怠っていること、宣伝、ちらし等をカットされている事などを裏付けるのであります。

既成概念がいかにもろいかを示す例をあげてみましょう。

筆者が、神戸大丸で訪問開拓の指揮をしていたときの事であります。神戸からJRで当時約一時間の姫路、ここには有力百貨店が二店ある事は承知の事でありますが、ここへ開拓の可能性があるかどうか、顧客は突然の来訪に一体どんな反応をされるかを知りたくて、開拓を、試みてみたのであります。

筆者は単身、(前述のように開拓を試みる時は町の中心部、お膝元から始めるのを常としているのでありますが) この場合も、市の中心部へ訪問を掛けたのであります、ところが、予想外に好反応を戴いたのであります。そこで、ご入会戴いた顧客に、「いままで、地元百貨店以外で遠い所へ買い物にいくものかどうか、経験、頻度は」という趣旨の質問を試みてみたのであります。筆者はひそかに、神戸元町、三宮と言う答が出るかと期待をしたのでありますが、あにはからんや、「勿論神戸へも行くが、大阪梅田に行く。そんなに頻頻とは出られないが、三ケ月に一度、六ケ月に一度、出ていく」と言う答なのであります。「エ！なぜ」という当方の質問に答えて「JRに乗れば一時間の神戸を越えてもう半時間は〝ついで〟の事であり、言うならば同じ事でしょう」「大阪梅田には、たまには他府県まで遠出をした楽しさ、勿論百貨店が三つあってそれを廻る楽しさ、他にも、色々観るところが多くて楽しいじゃないの」という答であったのであります。

中心部の、いかにも百貨店通と言う方の答えであり、すべてに当てはまるものではない事はあきらかでありますが、通常、百貨店の近隣に住まいながら一度も来られた事がない人も多いという現実に比べると（この現実を承知しているだろうか）、例え半年に一度でも、と言う顧客の存在は恐いと実感したものであります。

商圏は、調査会社や経営計画部が鉛筆をなめなめ、コンパスで決まるものではありません。

商圏は、半径何キロ、アクセスで何分、行政区画で一律に論じられるものではありません。コンパス何キロ以内だから商圏の筈のところが商圏でなく、思いがけない地が商圏化している現象を何度も発見するものであります。電鉄系百貨店で必ずしもその電鉄沿線が商圏になっていない現象にも遭遇することをしばしば経験しているのです。また商圏は連続していないことも往々にして経験しているものであります。

近い所を通り越して、かえってそれより更に遠方が商圏化している事も割合に多いものであります。こうした事は実際訪問開拓をすれば忽ち実証、検証出来るものであります。更にその原因、理由を発見し、必ず成るほどと納得するところとなるでありましょう。なによりも商圏は変化をするものです。商圏は変える事が出来ます。

繰り返し接近を試み、親しい感情を持つ方が多くなると、商圏、地盤になります。手を抜けば他から侵食され商圏でなくなるのであります。

他社の商圏と目されているところが、反復接触によって崩れてきている、と言う事など実際にははっきりと把握できるものであります。半径何キロが大体当社の商圏で云々とは絵空事なのであります。

商圏は創るものなのであります。更に、商圏は変える事が出来るものであります。

こうした事についても、カードを梃子にした顧客開拓は威力を発揮するものであります。

三、反復継続が勝利の根源、一番店二番店の関係

東京、大阪とて例外ではありませんが、地方へ行けば行くほど、顧客が一番店二番店三番店というように、厳しい序列をつけている事を発見するものです。

例えば、二番店と言う立場で訪問開拓した場合、顧客は一〇〇％と言っていいくらい、「P社のカードを持っている」と一番店のカードを持っている旨を告げるのであります。如何に一番店のP社と言へども、一〇〇％の顧客に自社のカードを保有させているはずはないので、こんな筈はないと考えられるにも拘らずこの答が例外なく返るのであります。

つまり、顧客は一番店の名を振りかざす事によって恐縮して帰るであろう、あるいは自分が充分足りているという権威付けのために、或いは駆け引きの為に、P社の名を使うのであります。

これが一番店なのであります。

東京大阪等のように百貨店の数の多い所では、一番店とは必ずしも売上が一番という事を意味しないで、店格、売上、ファッション性等を総合して一番と思われている店を一番店と認識しているようであります。そうして、ここは重要なのでありますが、顧客は思いの外、店の「格」と言うものを重視していると言う事を発見するにいたるものであります。この事実は、案外と受けとめられるでしょうか、やっぱりと受けとめられる事になるので

しょうか。

顧客はある意味では保守的というか、あるいは、評判に乗るところがあるという事を示すものであります。したがって一番店の立場で訪問開拓しているときは、対抗店の名が出る事は極めて少ないのであります。

この事から、一番店と言うものは実に信頼され、強いものだと言う事をいやと言うほど実体験するものであります。

逆によほどの立地の変化、天変地変がないにも拘らず、一番店が衰退するという場合は、余程の事があっての事と考えざるをえません。顧客の反応から探ると、答は人災以外の何物でもないと言うのが実感であります。

では、二番店、三番店は一番店に歯が立たないものなのでしょうか。断固〝否〟なのであります。

例え二番店と言えども、第一波、第二波と同地域に適当な時間の間隔をもって波状攻撃をかけて行く場合、刻々と一番店の名を振りかざす事が少なくなっていくものであります。第五波、第六波目ともなれば際立って聞かれなくなる事に気付くところとなります。第八波から第十波ともなればまず完全に対抗的に名を出す事はなくなって来る事を現に経験するところであります。

つまり度重なる波状攻撃の結果、熱心さに打たれるのでありましょうか。馴染み感が増加するのでありましょうか。知名度がやはり向上しているのでありましょうか。とにかく一目を置く存在となっているのでありましょう。いわゆる「問題にならない」という口調は影を潜めて行く事が、まざまざと分かって来るものであります。

ここにカード訪問開拓の威力と面白さがあるのであります。

十数回の波状訪問は可能でしょうか。

五波も六波もましてや十数波の波状攻撃という訪問活動は果たして可能なのでしょうか。只形式的に訪問するだけであって、開拓をすればするほど保有者が増加し開拓の余地はなくなる理屈ですから、実際の開拓は不可能ではないでしょうか。

或いは、何度もの訪問はくどいという苦情にならないでしょうか。という疑問を抱かれる向きはさぞかし多いでありましょう。殆ど全員がそう思われるでありましょう。

しかし現実は誠に不思議なのであります。

理論と実際が違う事はここにも厳として存在するのであります。

相当に威力ある開拓を繰り返しても、その度毎の開拓は、実戦上殆ど減少しないのであります。むしろ第二回目、第三回目の訪問の開拓数が初回の二倍以上と言う事も度々経験するところであります。更に開拓が進んで、四波、五波の開拓の方が第一波より開拓数が多い事すら再三再四経験をしているのであります。

ここに一例を示すことにしましょう〈**表9**〉。以下第一波開拓数を一〇〇とした場合。

〈表9〉

	第1波	第2波	第3波	第4波	第5波	第6波	第7波	第8波	第9波	第10波
A百貨店	100.0	113.3	114.2	107.1	94.7					
B百貨店	100.0	143.8	162.2	118.9						
C百貨店	100.0	321.0	211.7							
D百貨店	100.0	112.8	98.3	97.4	130.7	118.1	89.2	102.1	104.2	124.8
E百貨店	100.0	94.5	92.6	95.4	77.2	90.8	119.8	117.1		

ここにF百貨店におけるデーターを紹介しよう〈**表10**〉。

〈表10〉 F百貨店の事例

	第1波	第2波	第3波	第4波
期　　間	—	—	—	—
実働日数	—	—	—	—
実働延人員	—	—	—	—
訪問件数合計	90,151件	117,952件	133,024件	118,261件
一人当り一日訪問件数	—	—	—	—
面談(在宅)件数合計	35,567件	43,583件	47,944件	39,786件
自社カード出合い率	17.8%	18.6%	21.7%	27.0%
在　宅　率	39.4%	36.9%	36.0%	33.6%
成約件数合計	4,189件	6,027件	4,301件	4,838件
指　　数	100.0	143.8	102.6	115.5

表の出会い率に注目して載きたい。波状攻撃の回数毎にホルダーが増加し、出会い率が刻々変化している事がわかる。正に貴重なデーターである。

以上は、一人当たりの開拓数に調整して指数にしたものです。

これらから、一般に開拓は波状的な訪問回数に殆ど関係なく遂行出来るという事を示しています。数字のばらつきは、むしろ、開拓回数を重ねると、もう無理なのではないかと言う先入観、思いこみによるブレーキや、指揮者の移動等による指揮能力の変化等の要因の方が多いように観察しているものであります。

よく百貨店の関係者から、訪問開拓に関して「当社も以前同じ事を実施したがうまくいかなかった」あるいは「同じような事を経験しており分かっている」というような事を聞く事があります。

この場合「同じ事」「同じような事」という表現が果たして、同じ事を意味しているかという疑問を抱かずにはおられないのであります。

一体同じ事とはなんだろう。同じ事とは何を指して言うのでしょうか。

分かったとは何を分かったのでしょうか。分かったら何故それを持って終わりとするのでしょうか。単に物知りになったらそれで終わりと言う事でしょうか。

ここで言う「同じ事」とは、単にキャンペーンと称して、或いは一度やって見ようと言う事で、訪問活動的な事をしたという意味を指していることであることは了解出来ます。しかし、誰が、どこを／、どのような方法で、どのくらいの規模で、どのくらいの期間、訪問をし、どのような結果を得たのか、どのような学習結果を得たのか、どのようなノウハウを築いたのか、または得られなかったのか、それは何故か。訪問そのものが、本当に訪問と言う言葉に値する訪問をしているのか。ツールは、などなどを検討するとき、「同じような事」とはどういう意味を言うのであろうかと思わざるを得ないのであります。

分かったということは、なにがどう分かったのでしょうか。例えば、小中学時代に、その学期に習った極めて狭い範囲の出題を、分かった、出来たと口々に言い、結果一〇〇点から〇点まで存在するものであります。何故差がつくのでしょうか。分かったとは何をさしていうのでしょうか。なにをもって分かったとするのでしょうか。

本当に分かったのであれば、この貴重な百貨店の原点中の原点である固定客作りを何故継続、発展させないのか。分かったとされるものが何故中止をするのでしょうか。終了とは一体どういう事を意味するのでしょうか。

これを考えるとき、この辺に百貨店が、他社がしたから自社もやるという横並び思想、それも結果を把握せず、真髄をみないで形を写しにいく姿勢が如実に現れているのでありま す。一見同じように見える事を実施して同じ結果が得られるのであれば、全国百貨店は全部同じ業績に並ぶ筈であります。

「やり方」「ノウハウ」「練度」「工夫」「経験」「資質」「リーダーシップ」などなどが違うということ、すべてソフトにかかっていると言う事に気付くべきであります。「違いが分かる」能力が極めて欠乏しているのであります。

京都大学アメリカンフットボールの合宿に参加し、その一部始終を体験、記録し「ああわかった」と、見よう見まねで実施し、同等の力を持ち優勝を争うものが忽然と出現するものでありましょうか。

これは訪問開拓に限らず、総ての経営分野において、真似ごっこで、やったと称している事に、今日の百貨店不振の原因を見るのであります。

四、顧客は育てるものである

よく、良い客、悪い客という無造作な言葉を耳にいたします。この場合良い悪いは購買力、自社にとっての都合の良い悪いを言うのは明らかでありますが、果たして全ての百貨店から万遍なく購買出来るような、〝総てに良い顧客〟というものは一体どのくらいあるものでしょうか。

ある百貨店でのA級顧客でも他の百貨店ではC級顧客、逆に他の百貨店でA級顧客がある百貨店ではD級顧客という事になるのが大多数ではないでしょうか。

始めから、自社にとって、都合が良い客、悪い客というものはありえないのであります。

通常は馴染みを重ねて、失望がなければ、良い顧客に育っていくものであります。

顧客は〝手塩に掛けて〟育てるものであります。顧客に〝手当て〟をする、繰り返す、と言う事が決定的に重要なのであります。

顧客を手塩にかけて育てるという事、顧客は刻々と変化し成長するという事は、訪問時の顧客の声を収集し続けると驚くほど良く分かるものであります。

回数を重ねる度に刻々と、特に親しさの表現が違ってくることでわかるものであります。

第六章　顧客の活性

一、売り場との連携

顧客宅を訪問し、一枚のカードをお持ち戴くには、かなりの労苦を伴うものであります。まず留守の多い事は毎度毎度言いつくしても尚驚きに値するものです。

地方地方によって、或いは曜日によって多少の違いはあっても、まず、六〇～六五％は不在とみるべきでありましょう。また分類上在宅と言っても、老人の多い事はまさに驚嘆に値するばかりで、日本は老人大国になっている事をつくづく思い知らされる事になります。老人と言っても、壮者をしのぐ意識の人もあれば、完全にいわゆる老人に成りきっている人など様様であり、一口に老人だからと言ってカードを勧められない事はありません。むしろ年金パワーを見せつけられる事も往々にしてある訳です。

また顧客としては、勧められれば、駆け引きの一つもしたくなると言うのも人情であります。

訪問開拓側とすれば、ある程度ゲーム感覚で遂行出来る人もあれば、すべての事象を障害と受けとめる人もあるという具合で、開拓員の個人差もかなり大きいものがあります。この辺についてはとりあえず、一括して労苦を伴うもの、とまとめて置くとしておきまし

〈表11〉　曜日別在宅率及び成約率の一例

	月	火	水	木	金	土	日	計
在宅率	35.3	39.8	32.9	35.1	34.1	41.9	44.9	37.1
成約率	9.4	13.4	9.3	8.6	14.0	10.9	10.3	10.5

商圏別成約率一例

	1次商圏	2次商圏	計
在宅率	38.6%	35.2%	37.1%
成約率	9.6%	11.8%	10.5%

天候別在宅率及び開拓率一例
(訪問24,383件)

	晴・曇	雨	計
在宅率	37.2%	36.8%	37.1%
成約率	10.1%	11.8%	10.5%

注、表Pここで在宅率表、曜日、天候の在宅の例を示してみよう。これはあくまで一例であり、何時も、どこも同様と考えないで戴きたい。

ょう。

しかし、一見優位の姿勢で新たにカードを保有された顧客は、いったいどんな感覚で初使用をされるのでありましょうか。是非ここを理解しなければならないのであります。

勧誘を受けているときは、仮に、いやだいやだ、いらないいを連発された方も、一旦申込をすませたあと大方は、「何時出来るの」「ご苦労様よろしくお願いします」と一転して打ち解けて戴ける事は前にも触れたところであります。

旬日にして送られて来た期待のカード（期待に応えるためには旬日でなければならない）を手にして売り場へ来られた顧客は、わくわくとした期待を持つ反面、初使用に関して実は不安を感じているものなのであります。

「このカードをスムースに受け取ってくれるだろうか」「説明を受けた特典が本当なのかどうか」「『この商品は駄目です』（除外品）と言われないか」、「この程度の額の買い物でカードを出しても笑われないものか」「手間がかかるというので嫌な顔をされないか」などなど顧客は顧客なりの不安が一杯なのであります。販売員としてみれば、お客様は常に威張った立場にあると思い込んでいるでしょうが、案外そうでもないのであります。この事を理解しなければ「おもてなし」の心は出てこないのであります。

お客様は常に威張った存在ではありません。お客さまこそ、どう受けとめて貰えるか心配しながら、売り場へこられているのです。この気持ちを理解する事が「おもてなし」の心に通じるのです。

期待と不安を込めてさしだしたカードが、有り難うございますと即座に受けとめられ、妥当な時間で処理され、カードに印字された名前を呼んで（折角印字されているのである、お名前をお呼びして渡すのは当然でありましょう）「有り難うございました」、と返されたなら、「ああよかった」忽ちほっとする喜びが湧くのであります。

三回安定の法則ならぬ、これが二回三回もあれば、もう、すっかり、嬉しくなって、贔屓の感情が満溢し、かなりの固定客化の進行となることでありましょう。

もしこれが逆ならば、もう二度と行くものか、と、店自体の否定につながる事は確実であります。

売り場との連携が必要といくら声を枯らしても、只カード顧客を大切にと言うだけで具体的な教育、それも繰り返しがなければなにもならないのであります。

「出来ません」「ここでは使えません」「この商品はだめです」と一言で、かたずけているのをよく目の辺りにするものですが、「〝ぞっと〟する」のが実感であります。

ある百貨店で期末の紳士服バーゲン会場で、実際に見た光景を話す事にしましょう。

女性顧客「これ下さい」と紳士服をさしだし、ハウスカードを示された。

女子従業員。「これは使えません。」

顧客。「あらそう」といい、今度は、友の会の買い物券を差し出された。

女子従業員。「バーゲンには使えません。」

顧客。「こんな時の為の楽しみに貯めておいたのに」と言いながら、今度は現金を取り出された。

女子従業員。「裾上げ六百円戴きます。」

女性顧客。ついに紳士服を捨てて、帰ってしまわれた。

売り場では案外
☆カードが使えて、特典も効く。
☆カードが使えるが特典の適用除外である。
☆カードそのものが使えない。
を理解しないまま、十把一からげに、「出来ません」「使えません」と唱えている事が多いと見受けるのです。

どの売り場でも必ず、カードをお持ちですかと聞く事です。

顧客が買い物をされたとき、どの売り場においても、必ず「カードをお持ちですか」と聞く事を徹底する事は非常に大切な事であります。これの徹底によってカードが、単に受け入れられると言うことから一歩踏み込んで、積極的に歓迎されていると言う企業姿勢を顧客が汲み取ると言う事、カードが有利であるという事、カードの知名度の徹底を図る上で予想以上の効果があるようであります。

また同時に、レジで勘定を済ませた段階でカードを示されてトラブルが発生する事の防止にもつながるという副次効果もあります。

更に「いつも売り場で声をかけられているので」という入会の動機を上げられる顧客も多い。これなど店頭と訪問とがよい循環をしている例であります。

各百貨店ともこの教育はかなり徹底して来ているようですが、殆ど例外なく、どこの売り場でも声を掛けると言う点では、井筒屋、名鉄丸越などは右翼に位置するでありましょう。

店頭の販売員が感じるほど、顧客は必ずしも優越した姿勢で来店をされているのではないと言う事は、前にも述べたとおりであります。

ことのついでに、顧客の百貨店に対する評価ついて、百貨店側にとって、受けとめ方にもいろいろあることについて、触れて見たいと思うものであります。

百貨店によっては、「あなたのところは、普段着で行けるからよい」という誉め言葉を寄せられる事が多い所があるのであります。

つまり、この言葉を逆から読めば、顧客は通常百貨店に行く場合は少し気取って行くところ、少し気張って行きたいと願っているところであると認識していると言う事を示しているのです。また顧客が、少し小言めいた事を言う枕言葉に、「百貨店ともあろうものが」「○○ともあろうものが」と来るのは、他の流通業より一段上という認識に他ならないのであります。

ところで、「あなたのところは、普段着で行けるからよい」「わたしのようなおばあちゃんでも気兼ねなく行けるからいい」と言うような声に関してでありますが、そのお誉めは、それを受けた百貨店にとってはむしろ屈辱と受けとめる向きもあるようであります。「ヤングがよくて、ミセスが何故悪いんですか、入り易い店というお誉めは、有り難い事ではないんでしょうか。特徴を伸ばしたらどうですか」という設問に対しても、「いやー今度の増床には、こういう箱を作って、ここにはこういうヤング向きのブランドを張り付けて、五階迄を吹き抜けにして云々」というような対策を講じられると言う事も見る事が多いのであります。吹き抜けとヤングとはどんな関係があるのか解しかねるところでありますが、要はヤング即ファッション性という解釈のようであります。

どうやら、シックなミセスは袖にするというのが、折角の顧客のお誉めに対する答らしいのであります。

結果はヤングには片想い、ミセスには愛想をつかされ、リニューアルは失敗、と言うよりも、自分で転けたという感を受けるものであります。

顧客が遠慮勝ちに言う、しかし殆どの顧客が口にする事は非常に重大に受けとめるべきであります。顧客が口々に同様な事を言う場合は、例えそれが極めて小さい事であっても重大に受けとめ聞き逃がしてはならないのであります。それは文化人、評論家、設計事務所、企画会社、装飾会社の意見や提案より遥か真実を語っていると受けとめるべきであります。

二、顧客にとっての購買頻度

口座を沢山開拓をすれば、やはり気になるのは個々のカードがどのくらいの頻度で動き、何をどのくらい購買されているだろうかと言う事になります。

これは極めて当然であり、目的はこの辺にあるからであります。

稼働率や、非稼働口座数、非稼働になって何年を経過しているか、非稼働口座をカットするか否か、カットするのであれば何年間の非稼働をもって処置をするのか。睡眠口座への働きかけ等などについてはカードを軸とする以上重要な部分を占めている事は言うまでもありません。

しかし、ここで「買わないものは顧客でないかという問題提起をしておきたいと思うのであります。

一旦ここで、顧客サイドに立って、顧客は自らを百貨店にとっての、どのような顧客と位置ずけているかを見る事にしよう。

顧客宅を訪問し毎回交わされる実際の会話から、徹底的に検証してみたときこのような会話が交わされるのです。

☆「よく買うよ、いつもおたくからよ」
「それは、有り難うございます。（すかさず、さらりと）何時、何を買って下さいましたの？」

「えーと、確かこの夏、孫がきてね、お宅の屋上で……」
☆「あなたとこ、ばっかりよ」
「嬉しい！有り難うございます。（すかさず、さらりと）何時何を買って戴きましたの？」

「えーと、三ケ月まえだったかなあ、この靴を買って……」
☆「よく買うよ、おたくばかりよ」
「それはそれは有り難うございます。何時何を買って戴きましたの」

「あのね、半年前だったかなあ、孫のピアノの服を買いに行って、ついでに私のブラウスを買って……、ものいりで大変よ。」
☆「何時もあなところばっかりよ」
「有り難うございます。何時何を買って戴きましたの？」

「中元、歳暮は必ずお宅でしているの。やっぱり包装紙がものをいうものね」
☆「何時もあなたのとこばかりよ」
「有難うございます（すかさず、さらりと）何時、何を買って下さいましたの？」

「二年前この下駄箱を買ったの」

百貨店側の期待する「何時も」と顧客側の「何時も贔屓にしているよ」の「何時も」にはこれくらいの感覚の隔たりがあるのであります。

事実、カードの質にかけては特A級と言われる某百貨店のカードの分析でも、その稼働しているカードについて稼働率（回数）を平均すると年七〜八回とも言われている。また都心型百貨店にあっては稼働回数を来店頻度とすると、一月の来店数は一回以下と見る事ができるようであります。ましてや、これよりも稼働率の低い百貨店や殆ど稼働しないカードを含めての来店頻度を分析をすれば、来て戴く事が即ち有り難い事と考えるに至るのではないでしょうか。

さらに続けよう。

「あなたのところ冷たいよ、暫く物を買わないと、忽ちお知らせが来なくなったわ。」

「この頃、なにも知らせが来なくなったのは何故かしら、暫く買っていないからですかねえ」

「あなたのとこ、買わないと連絡がなくなるの？いつも買ってるのにねえ」

上記を持ち帰って調査をしたところ、担当からは以下のような返事が返るものであります。

「暫くどころか、半年も何も買っておられません。」

「二年も全く購買歴がありません」

「この一年、購買歴がありません」

「半年も動かないものには、ＤＭはカットする事になっています。」

「一年も二年も動かないのは、管理上、カットして、致し方がありません」

顧客の「暫く」と百貨店サイドが想像している「暫く」とは、かくもかけ離れているのであります。

しかし、真摯に耳を傾ければ、どうやら顧客は、数年前の買い物でも昨日のように覚えており、何時も贔屓にしているという善意の感情を持っていると言う事に気がつくのであります。

事のついでに外商顧客とのよくある対応にも触れておくことにしよう。
☆「私のところ、外商よ！」
「お世話になっております、有り難うございます。（すかさず、さらりと）誰が来てますの？」

「えーと、係りが変わったらしいわね」
☆「うち、外商よ」
「お世話になっております。有り難うございます。（すかさず、さらりと）誰が来てますの？」

「えーと、暫く買ってないのでねえ」
☆「外商よ」
「有り難うございます、誰がお伺いしていますの」「Tさん、定年になったの？」
☆「外商も古いのよ」
「それは、有り難うございます、お世話になっています、誰が来てますの？」

「わずらわしいから来ないでいいの」
☆「外商よ」
「お世話になっています。有り難うございます、誰が来てますの」

「主人も定年になったのでね」

☆「暫く買わなかったら、カードの色をシルバーにして、条件変えて来たのよ、馬鹿にしているわ」

なんと、なんと、ほとんどが睡眠口座ではないか。

このようなお客様に仕掛けたら、案外以下の結果になるのであります。

「大きなお買い物は、相変わらず、外商を通して戴いて、小さなお買い物はこのカードで拾って戴きましたら?。両方をお使い分けして戴いたら如何でしょう」

「それもそうね。」

(最近の外商の不振はカードに顧客を奪われたせいだ、という弁明を耳にする事もあるが、事態は少し違うようであります。)

ここで重要なのは、顧客は例え購買歴がなくても自分は厳然たる顧客という認識を持っている事。自分は贔屓にしてやっていると言う意識を持っている事であります。購買歴や購入間隔を殆ど意識していないのであります。

買った喜びは昨日のような思い出であり、買った靴には、いついつまでも○○で買ったと言う思い出と誇りをもっているという事実を知る事が大切であります。

当分買わない顧客も、れっきとした贔屓筋なのであります。例え暫く買わなくても、百貨店にとって、世論形成の、人気の応援団と言う事を知るべきであります。

これでも「買わないものは顧客でない」と言い切るのかということであります。

数年も買わないのだ、コンピューター維持管理上、費用対効果上カットは当然だ、と言うのは維持管理部門として当然かも知れませんが、カットされた顧客にとっては、思いがけない処置と受けとめているのであります。「これほど贔屓にしているのになによ！馬鹿にしているわ、〇〇だけが百貨店ではないのよ」と言う事になるのであります。

全社固定客戦略としてどう処置をするかという事を考えなくてはならないのであります。

当面購買歴がないからと言って、口座登録をカットして、競合店に走らせる手はないではありませんか。競合店に敢えて走る事がなくても、人気を妨げる世論を起こす必要はありません。そっと睡眠させて、競合店からの防波堤にしておけば良い事なのであります。

更に言いましょう。この睡眠口座は必ずしも顧客が一方的に睡眠に入ったものばかりでもないという事であります。新規顧客になった喜びの最初の買い物に失望があったことなど当方に理由のあるものも中にはあるでしょう。

例え睡眠口座でも、実は、決して完全には死んでいないのが多いのであります。手を加えれば活性の余地は充分あるのであります。

そのノウハウがないだけの事であります。

ただ、百貨店として先ず優先すべきは、①地盤確保、②保有密度アップ、③商圏拡大、をもって、好意の世論を巻き起こすことが優先順位の第一でありましょう。地域を制圧し大勢を決めることが先決でありましょう。世論がまきおこり、地域制圧の大勢が決まれば、非活性口座もこれに伴って若干の動きも出る、更に手を加えれば、睡眠口座と言えども、活性化をする事ができるのであります。大勢を決めていく過程で睡眠口座ばかりが気になるという向きが多いようですが、百貨店はなにをもって栄えるかと言う原点（人気、好きか嫌いがすべてである）を再認識すべきでありましょう。

三、販売促進

固定客作りに邁進する過程の梃子として、手段の一つとしてカードを持って戴く事は、いうならば、固定客総合戦略を展開する上でのインフラの整備であると言えます。

このハイウェイには何でも乗せる事が出来るのであります。通常いう販売促進、友の会の併用、通信販売、テレマーケティング、何でも乗るわけであります。ことさら機能的に、縦割の必要などさらさらないのであります。これに関しては、カードの機能がそうなっているからと機能本位に考えるのは大間違いであります。機能的にも優れているが、何よりも、顧客の心をつなぎ止め、好意を戴くという王道を整備すれば、この上に何でも乗せる事が出来ると言い替えるべきであります。

口座数がある程度充実した、次はこれを使ってより積極的な販売促進に向かいたいというのは、当然の段階でありましょう。

しかし販売促進を仕掛ける事によって単にその「もの」の売上を獲得しようとする考えよりも、非活性口座の活性化を意図した販売促進を行い、兼ね併せて、その「もの」の売上も副次的にとるという考えかたが、経験上妥当と考えることが出来るようであります。

折角、背後に百貨を盛った何万平米の豪華な売り場をもつ以上これに来店を促進し、店まるごと好意を持っていただく、また足が向く癖をもって戴く、そうして活性化につなぐ事が、はるかに規模の大きいものになるのであります。

「即、もの」「即、もの」にこだわらないほうが大きい意味での販売促進と申せましょう。すべてがインフラの整備にかけ、それから好循環を得ると捉える事が重要であります。

一部、先進百貨店で試みられた活動も、経験を経た結果、「即、物売り」よりも、来店促進を基礎にした販売促進の方がはるかに合目的と判断するに至っているようであります。

ある程度の口座数に達した場合、または達せんとする場合、次は、次の段階は、あるいはこの口座を捨てておく手はない、と言う事になるのですが。しかしすべてが循環していると言うこと、別の事業にも発展させたいという発想のあまり、すべてが循環をしていると言う事を見失ってはならないでしょう。
固定客作りが販売促進であり、販売促進が固定客つくりであるという事が原点でありま
す。
訪問面談した事のある「百貨店のなじみ」からのお勧めが、改めて顧客意識を再確認さ
せ、それが販売にも結びつくという循環に極めて有効なのであります。

ダイレクトマーケティングとは一般に郵便や電子メールによるDMや電話によるテレセ
ールスなど、一人一人に直接接触アプローチを行うマーケティング手法を言うのでありま
す。ダイレクトマーケティングを行うと、既存顧客や見込み客に対し一番適したサービス
を提供できるため、顧客ニーズにダイレクトにヒットしやすいのであります。そのためス
トレートに購買に結びやすいと称されているのであります。

そのダイレクトマーケティングの前提として精度のいい顧客データーベースが不可欠で
ある事が強調されております。ここで問題は、精度のよいデーターベースにどんなものが
欲しいか、精度のよいデーターベースの条件とはなにかと言う事であります。大方の解説
では「顧客の住所、年齢、職業、購買頻度、などの基礎的な情報のほかに趣味嗜好やライ
フスタイルなどの情報を収集して分析することで顧客毎の販売計画やアプローチ方法を明
確に割り出す事ができるからだ」としています。つまり、例として趣味嗜好やライフスタ

イルを挙げているのです。

ところで、とりあえず有名人、財界人、会社役員、などの名簿「〇〇録」などをみると、趣味欄は圧倒的にゴルフと記入されており、大差で読書、音楽鑑賞、と続いて、これらで殆どを占めているようであります。その一つ一つは複雑多岐にわたり、一語ではかたずけられない深い趣味と理解すべきかもしれないが、大方については、察するところ、趣味欄に適宜記入しておいた程度の趣味も多く見られるようであります。日日、顧客を訪問し日常を観察するところによると、ほぼこの推測は当たっていると考えられるのであります。

ライフスタイルに至っては更に複雑と言うよりも怪奇でありましょう。前出にも触れた如く、絵に書いたようなライフスタイル、分類とその解説に相当するようなライフスタイルは果たしてどのくらい存在するものでありましょうか。

膨大な顧客について、この分析が為されていなければ、解説を正直に裏から読めば、理論的には、ダイレクトマーケティングは成功しないという事になります。

十数万、数十万、百万単位でこうした条件が克服され、整備されたデーターベースと言うものが果たして言うほど存在するものでありましょうか。

如何に複雑に所定欄が埋められていようとも、コンピューターに入っていようと、フロッピーに入っていようと、名簿はあくまでも名簿であります。

名簿業者がストレートにヒット出来るとは思えないのであります。対象に当たり、修正と加工を重ね、かなりの人件費を重ねなければヒットという水準に達しないでありましょう。

さもなければ量を発射して、確率を拾うと言う事になるでありましょう。

また精度のよいデーターベースを構築した瞬間、刻々とデーターベースは動いているという事実も忘れてはならないのです。いかなる精度の高いデーターベースと言えども年に五%、通常の優良顧客名簿と言えども年に約七〜一〇%、或いは一〇〜二〇%と、条件の変更は覚悟しなければならないといいます。

三年間クリーニングしなければ、その名簿は約三〇%以上乃至約半分は条件が変わっていると見るべきであります。

仮に精度の高いデーターベースが構築出来ても、その瞬間から変更が始まっているのでありまず。この変更をどう捉え、どう修正のインプットをするのでありましょうか。

刻々と動いている標的をどう狙うのか！。教科書もコンピューターも教えて呉れないのであります。

故に精度の高いデーターベースを構築云々は、すべて静止状態の論であります。

現実には、接触しながら標的を射つ、射ちながら接触を続けるという態度があれば、自ずから解決する問題であります。

ダイレクトマーケティングの中でも一番注目され期待されているものはテレマーケティングでありましょう。

カード産業にあるものにとっても、百貨店においても、相当なカードを保有した段階で、どうしても進みたい悲願でありましょう。

ここに成功の一例があるので紹介をしておく事にしよう。これを仮にZ百貨店としておこう。Z百貨店では、徹底した訪問開拓を繰り返し、充分の顧客口座の積み上げが成った後で、その訪問によって獲得した顧客に対し、担当の係員が、一つ一つ吟味した商品を、電話でお勧めを試みるという経験を積んだのであります。

結果は、実に驚くべきものがあるのであります。

千ケ、二千ケの商品が約二〜三日で例外なく、完全消化するのであります。

今の時代に、少なくとも千、二千という単位が、短期間で完全消化するという事実は、実施する側にとっても驚異であったのであります。

これは一重に、訪問開拓した者と、顧客の心のつながりがあるということです。他地域の開拓に忙殺されて、久しく連絡を行っていなかったにも拘らず、お互いの心の糸が再びつながった事から得られたものであります。

幸い電話は双方向であり、大いに感情も反映するものであります。訪問開拓を繰り返し汗と涙を経たベテランが顧客の感情を読み取る語り方は、イントネーション、アクセントを鍛えられた電話のプロをはるかにしのぐものがあるのであります。

また、「自分が開拓し、手塩にかけた顧客」への語り掛けは、与えられた顧客台帳や、示されたオートコールに向かって話しかけるプロが太刀打ち出来ない力を持っているのであります。

さらに「自分が開拓した顧客の台帳」に自分が訪問面接、電話接触の度毎に記入を重ねていった注記（活きたソフトデーター）や、色々な蛍光ペンでのサインや、印をいれた接触の結晶がものをいうのであります。

手作りのカルテの中味が違うのであります。手作りのカルテに温かみがあるのであります。手作りのカルテに本音が入っているのであります。データーベースをその場で修正する事も可能なのであります。また一見してわかるようになっているのであります。

また顧客にとっても、システムを使って発信して来る電話とは全く印象も意義も違う事なのであります。

今まさに流行を切って落としたテレマーケティングについて、この事実は大いに参考になるであありましょう。

最新のオートコールの設備とアナウンサー経験者、電話交換のベテランに加えて、いわゆる精度の高いデーターベースを組み合わせても、必ずしも販売促進は成功するとは限らないでありましょう。

アメリカのテレマーケティング業界は一大産業の地位を占め、大発展を続けているというが筆者が敢えて独断でいうならば、養鶏場でぎっしり詰め込まれた鳥が卵を生むような仕掛で、次々と示されたオートコールで販売を掛けるという事は我国の国民性からは若干無理があるのではないかと思われます。更にアクセントやイントネーションを鍛えた、なめらかなプロのお誘いが、必ずしも顧客の心を摑むとは限らないのではないかと判断するものであります。オートコールにどれだけ活きたソフトデーターが盛り込まれているのだろうか、もし盛り込まれているとすれば、オートコールで追われながらこれをどのくらい読み取り会話に活用できるのでしょうか。

技術やシステムだけでは必ずしも、顧客の心は摑めないものであります。「温もり」が存在しないからであります。

手作りで育てた顧客には「お久しぶりですね、お元気ですか、こんなの一つ如何」「カード番号で帳合いをさせて戴きますよ」で完売出来るのであります。

第七章　実戦編、だれがどうやるのか

一、訪問開拓に当たってのエリアの設定と人員

訪問開拓を行うに当たって、どこまでを活動のエリアとして設定するかは、一見したところ難しい問題であります。訪問開拓を行っていない状態の中では、通常来店される顧客の分布は、店のネームバリュー、歴史、売上の規模、中元歳暮の強さ、アクセス、宣伝物の投入規模と頻度、採用縁故事情、などなどから、かなりのばらつきがあります。

電車などを利用して一時間の距離でも、商圏という感じの店もあれば、電車二〇分で商圏の限界かという店もあります。電車沿線にあって、その沿線には比較的強いが、沿線を離れると極端に弱いという店もあります。沿線であっても必ずしも全線的に強くないという店もあります。県や市の南部、或いは北部に限定的という店もあります。足の便は悪いが、全方位的に商圏が拡がっているという店もあります。

こうした事情は、初訪問の段階で、顧客が当方を迎えて発した一言で判明するものであります。

顧客の評価は大体において、万遍なく全方位に顧客を持つ百貨店をもって良い店としているようであり、これがいわゆる評価の相場のようであります。

商圏を守る事は当然ですが、前にも述べた如く商圏は作るものです。訪問開拓活動は商圏を確保、拡大し、更に他社の商圏を侵食して行く意義と効果を持つものであります。従って、思い切って大きく範囲を設定すべきものであります。百貨店らしき体制を維持していこうと言うのであれば、少なくとも一〇〇万~二〇〇万以下の人口の市であれば、全市プラス周辺市町村と言う事が目処になりましょう。三〇〇万以上の市であれば、市の半分以上プラス周辺市町村、というのが最低の目処となりましょう。

この設定したエリアを通り一遍で撫でるのではなく、繰り返し訪問するという反復接触が極めて重要であることは既に理解されるところであります。

ではこの反復の周期でありますが、まず最低三ケ月以上の間隔をあければ、何回繰り返しても地域に支障なく受けとめられる事が可能であります。常に適当な間隔で新鮮さを失う事がなければ、同じ地域に十数度の波状反復攻勢は優に可能であり、前に述べた如く開拓数が極端に減少したり、開拓効率が極端に悪くなると言う事はないものであります。接触頻度が多いほど顧客と親密になるのは自然の道理であります。

このエリアを当初から完全にテリトリー化して、その地域毎に専門に担当させる場合、或いは、数班で分割担当し、適当な周期で班の担当を変更していく事も可能であります。どちらを先にするかについては一長一短がありますが、数万、数十万口座を獲得して後、販売促進などの段階に入ろうとするときには、テリトリーを編成する方が極めて効率的であります。

さてここに投入する人員数であります。人件費は極めて高いと言う事はあるとは言え、如何に小規模で展開するにしても一〇人を下回る事が避けたいものであります。

如何なる仕事でも、志気と言う事があり、ましてや一旦外へ出れば一人歩きをする仕事であり、大なり小なり孤独を伴う仕事であります。帰社してお互いに情報を交換したりお互いに励ましあうというにぎやかさというものが必要です。どこにいるかわからない数人がしょぼしょぼ仕事をするという事では志気が上がりません。また如何に例え試みでする事であっても、少ない獲得で社内にも目立たず、評価されないようでは、失敗が目に見えているのであります。

長期に亘ってやれば計算上、延べ人員は同じだというのは、全く実戦と人間心理を把握していないのであります。なにをするにも中途半端、〝ちまちま〟した事をするというのではなく、やるからには、集中投入で攻めたてるという態度こそ重要であります。従来の結果は、思い切った決断とそれに伴う人員の集中投入が〝総て〟報われている事を実証しているものであります。

二、話法の設定と教育訓練

訪問開拓には当然一定の基本話法が定められていることが望ましいのであります。

これには挨拶から始まって、カード会員になって戴きたい趣旨、それに伴う特典の数数、カードの発行主体、提携の有無、支払い方法、発行日数等などが盛り込まれる事は当然であります。

ここで指摘して置きたい事を数点拾ってみましょう。訪問開拓と気張らずに目的はなにかという原点に戻れば分かるように、我々は顧客宅へ「お話をしに」行くのであります。

言葉はあくまでも話言葉でありたいと言うのが第一点であります。

百貨店人にのみ通用する言葉や、ことさらな専門用語は出来るだけ避けたいものです。

平易なお話し言葉で構成したいものであります。

暗記をした文章を読み上げるという雰囲気を出さないためにも、平易、簡潔、短い事、繰り返し読んでみて、つかえない、ひっかからない、無理がないと言う事が当然必要であります。

顧客にとって心理的に禁句というものがあるようであり、これは案外軽視出来ないものであります。

顧客が嫌う言葉は、カード、クレジット、キャッシング、ローン、と言う言葉であります。顧客はこれらの意義は承知し、必要性を認めているものの、この言葉の持つ語感、ニュアンスが嫌いなのであります。

　昔は金持ちは節季に付け払いをしました。信用ある人に「お支払いは来月で結構です」と言う事は承知されている事でありますが、しかしこれを、クレジットとかローンという単語にすると顧客は〃むき出し〃の感じを持つようであります。金貸し、取立、をイメージするらしいのであります。つまり言葉の持つニュアンスが嫌いなのであります。この事は、カード産業に係わる者にとって、非常な驚きであろうが事実であります。

　この事は顧客が時代に遅れているというきめつけにはならないのであります。

　経営者として、恥ずべき首切りも、リストラという言葉を使えばなんだか軽い感じ、むしろ合理的な事をしているというイメージを持たれているようであります。これなども言葉の持つ響き、ニュアンスの恐さを示しているのです。言い替えの妙を教えているものであります。

　しかし考えて見れば、この活動の原点は、お近ずきになって戴きたい、ご贔屓をお願いしたい、好きになって戴きたい、お客様になって戴きたいと言う事であり、カードはあくまでも梃子である以上、敢えてこれを振り回す事は必要がないと言えるところであります。従って、出来るだけこの4つの単語を使わないで、話法を組み立てる事が必要であります。

三、勝つ感激

訪問開拓による固定客作りに関し、筆者の関与した、百貨店の店舗数は十数店舗にのぼるが、一回の不成功、失敗を経験したことはないと言ってはばからないものであります。これには種種の要因が考えられますが、最も大切ながら案外見落とされる点を指摘しておきます。

その第一点は、事を始めるに当たって、文字通り最初が大切であり、開拓の最初につまずかせないことであります。つまり全員に亘って、その一人一人が最初の日に収穫なしという事にさせないと言う事であります。人間と言う者は非常に弱い者であります。見知らない顧客宅を、それも軒並み訪問せよと言う事で、どういう事態になるか不安一杯で出発するのであります。果たして成功するのか、教育訓練時の話のようにうまくいくものかどうか不安一杯であります。この最初の日に収穫が零か否かが今後の方向を決定すると言って過言ではありません。一口座どころか、案ずるよりも生むがやすしで、思ったより沢山戴けたともなれば、後半は嬉しくて小走りというケースもあるのであります。こうした最初の成功、不成功が将来について、決定的な差をもたらせるのであります。〝やってやれない事はない、なんとかなるものだ、練習次第だ〟と感じるか、〝やはり、難しいものだ、大変な仕事だ〟と感じるか、が決定的な差を呼ぶのです。自信をもって望むか、自信をなくするか、初日のしめるウエイトは実に大きいのであります。

順調に推移すれば、自信が自信を呼び、実に偉大な仕事をするに至るのであります。

自信をつけさせる為に筆者は訪問開拓については、以下のような手法、つまりノウハウを展開しているのであります。まず、数人を連れて現地へ行き、まず、筆者がやって見せ、現実に目の前で獲得をして見せ、その上で、顧客に見習いとして引率してきた人を紹介し、一人一人について数口座づつ顧客に接し申込用紙に記入をして戴く事を経験させているのであります。こうすると、午前中で、かなりやれるものだという安心感をもつようになります。しかも顧客の前で数回記入をして戴く練習を経験しているので、かなり動悸もおさまりリラックスをして食事に臨むようであります。食事中には業務の事を話題にした事は一切ありません。ただ質問があれば答えるに止めています。午後からは、一人一人に順に付いてご指導するのですが、失敗させたことはありません。必ず戴く経験をさせている。

自分でとった最初の口座は終生忘れないというのが、誰しも言う感激のようであります。ある百貨店で起きた話ですが、女子社員が初日、現場に行く道中、心配のあまり筆者に向かって「先生よろしくお願いします」を連発するのであります。筆者が、「大丈夫ですよ、私がやって見せるから、先生は偉そうに講義をしたが、講義のようにうまくやれるかどうかと、高見の見物をしていて下さい」と言いながら現地についたのであります。

さて、前述の段階を経て、午後、〃やった！〃自分の手で戴けたのであります。

一度に緊張がほぐれ、忽ち襲った感激のあまり、その女性は〃わっ〃とその場で泣いてしまったのであります。

顧客は「こんなことで泣いて貰えるなら、いくらでも書くわよ」とおっしゃったのです、筆者もこの顧客のやさしさに目が潤んだ事を白状して置きます。

この女性はベストテンに入る開拓員に成長した事も付言しておきます。

つまり勝つ事を教えるということ、勝つ感激を体験する事が重要なのであります。負け犬を作らないことであります。

関与した各百貨店においてすべて成功していると言ってはばからないのは、この勝つと言う事を積み上げているからであります。また顧客から前に述べたように、申込みのあと必ずと言ってよいほど「ご苦労様、よろしく」と逆に感謝され激励をされるものでありますが、この感激を実体験をすることで、この業務は意義があるという事を実体験し、併せて企業に大きく貢献しているという実感を持つ事が大きいのであります。

百貨店のなかでは、訪問開拓の必要を感じ、独自の手法で開拓を実行されているところが案外多いのであります。しかし不思議な事にどの百貨店においても実際の開拓数は一日一人の平均が一〜一・五口座という事でほぼ一致しているのは不思議と言えば不思議であります。折角の奮闘されている人に応える、勝ち方を教える人が現実にいない結果と考えられ、惜しいことであります。

勝った、勝った、で勢いに乗れば、人というものは、時には実力以上の力を発揮するばかりでなく、そうした経験を積めば、実力がいくらでも向上して行くものであります。この事例は各百貨店で無数に発見をする事を経験したところであります。開拓によって、こんな力があるという事実を発見され一躍全社の有名人になったケースは多々あるのであります。

筆者は、訪問開拓のように、最後は監督者のいない業務で、自己規制し、継続し成果を挙げる方は、真の意味でロイヤリティのある方であり、如何なる部署でも通用する人材です。この業務は別の角度から言うならば人材の再発掘につながるものであります。従来の人事の観察と異なる人も出ることもありましょう。これらを発見し推薦する事も勤めの一つと考えているものであります。逆にこの仕事を通じて、口で仕事をしてきた人も発見する事となります。

こうした経験から、経営者というものは、負け犬を作ってはならない、敗戦を味わあせてはならない、経営全般に亘って、勝たせなければならない、勝ち方を教えるものでなければならない、勢いに乗せる技を持たねばならないと痛切に感じるものであります。

四、率先垂範・陣頭指揮

成功の第二の要点は、管理職による率先、陣頭指揮を励行して戴いている事であります。よく率先垂範という言葉を使いますが、垂範と言う事については、全部が全部可能とは考えられない上、必要がないと考えるものであります。なんとなれば、すべての新分野において長たるものが模範を示さねばならないと言う事は不可能であるからであります。全分野で模範を示さねばならないのであれば社長になれる人は存在し得ないでありましょう。長たるものに要求されるものの基本、長たるものの使命は一緒に労苦をともにしようという暖かさ、先頭に立つという気構え、が肝心なのであります。

つまり垂範にあらずして、是非必用なものは〝率先〟であります。

一緒にやろうという姿勢と実行をお願いしているのであります。

幸い、どの百貨店においても、この点について社長の共感と支援を戴いており、その意を帯して管理職が善戦して戴いているので、これが必勝の第2要点となっているものであります。

老舗百貨店の発祥は呉服屋と言うものが多い事は歴史が教えているところであります。

その昔は呉服は全アパレルに相当し、材木商（全建設業）米、薪炭（食品、エネルギ産業）等とならんで、基幹産業であり、知名度も極めて高く、「ここまで来い」という商法を行っても通用する筈のものであったと考えられます。然るに、その基幹産業が、当然の事として、自ら反物を背負って顧客宅を訪問したのであります。

現在の百貨店の部課長と言えば、その当時の番頭の域までには相当しないでありましょう。手代、丁稚の頭立った者に相当するものと考えられるところであります。これがいつしか企業規模が大きくなるにつれ、冷暖房が付いた所で机に座って印を押す事が仕事と錯覚し、会議会議に追われていくようになったのであります。問屋へ出向く、お茶を飲みに行く事以外に外出そのものが、意外感で受けとめられ、ましてや〝外歩き〟なんて、というのが本音でありましょう。

創業期の人が今に現れたならば、なんと尊大な事よと、仰天し、異常事態と叫ぶでありましょう。

訪問開拓に付いても、全社挙げて意義を充分認識され総論賛成ではありますが、さて自分が外出しなければならないと言う事についてはまさに各論反対となるものであります。

この点についてては僭越ながら筆者は百貨店出身ＯＢとして、念入りに部課長に長たるものの〝心〟を説得をし、当初はとりあえずということでも結構ですから、実行して戴く過程において、顧客の反応、業績への跳ね返りを現実に見て納得を戴き、率先の実をあげるようになって戴いているものであります。幸いな事に、説得に対し、やってみようと応じてくれた人材のいる百貨店（全部である、百貨店にはやはり人材がいるのである）が成功しているのであります。

従って固定客作りのこの活動は、企業風土の改変、企業風土の活性、向上を迫る活動でもあります。目下のところ、まだまだ縦割意識で顧客開拓は開拓に一任という企業もありますが、経営がこれに連動して施策を打ち出すという企業は大輪の花を開きつつあります。

率先と陣頭指揮について、この機会に、再度述べてみたいと思います。

大時代な事をいうと笑われるかも知れませんが、昔は戦略家が実戦でも先陣を切った例を多くみる事が出来るのであります。上杉謙信、武田信玄などは戦略家として超一流でありましょうが、必要とあれば、自ら先陣を切って切り結んでいるのであります。織田信長も超一流の戦略家であります。これもここ一番は我に続けと飛び出して行き、部下が必死で追いついてくるのであります。現在でも命のやりとりをする場では、長が先頭に立たなければ部下はついて来ない事を教えているのであります。映画コンバットでは、隊長が常に先頭に立っています。戦闘機の編隊では佐官級が指揮する隊長機が常に先頭を飛ぶのであります。

横須賀の戦艦三笠を是非訪ねて見て欲しいのであります。日露戦争において、東郷連合艦隊指令長官が旗艦三笠自身三二発の被弾を受けながら、陣頭指揮し、世界海戦史上かつてない完勝を遂げて我国を壊滅から救った事を示してくれるのであります。

長になるほど後ろへ入るという現象は、商戦と言う語を使いながらも、本心は、戦いと全く考えていない事に起因するものであります。本当に命をやりとりしているという位の認識があれば、長は先陣にいるはずであります。そうでなければ部下も、ついて来ないのであります。

現実の大方は、長は先頭に立つと建て前を呼称し、部下はついて来る真似を互いにしあっているのであります。

職能分化とか専門化と言えば聞こえはよいが、〝私企画する人、君手足動かす人〟。〝私企画だけ、失敗は実施側の君が悪いから〟。というような、卑怯拡散の風土もいつからのものでありましょうか。

後方部門が、お知らせ、回覧を乱発し、システムの変更を業績と錯覚し、いったい、支援をしているのか、混乱をさせているのか分からない。というような現象も何時の頃から起こったのでありましょうか。

百貨店は大企業病になっているのであります。大企業でないにも拘らず、一人前に大企業病にかかっているところが百貨店の危機なのであります。
もっと踏み込んで、憎まれ口をたたいてみましょう。百貨店の日日の売り上げは誰が作っているのでしょうか。取引先派遣手伝い員が大方であると言って過言ではないでしょう。社員はレジ打ち、伝票整理、統計、返品に追われ、管理職は会議に明け暮れ、メモをとっている。

全管理職、全後方を全員リストラすればどうなるか、混乱がおこるでありましょう。つまり、印を貰う人がいないので当初混乱が起こるが、印がなくても動くと言う事を経験すれば、自給自足を始めて、（人類はこの自給自足、応用には極めて強い）とりあえずは売上には支障がないでありましょう。

原点に戻れと言うが。全店を一度頭からガソリンをかけて焼き払ってはどうでしょうか。生きる為にすべき事はなんでしょう。店頭に板を並べて商品を売る。車に商品を積んで訪問販売をすることから始まるのであります。

五、訪問活動の基本心得

如何なる業務においても、その意義、企業の寄せる期待、等を充分に繰り返し徹底する必要がある事は申すまでもありません。ましてや、全社の先頭に立って、会社を代表し、直接顧客に接触して、勧誘開拓をする以上、更に行動が一旦外へ出れば単独である以上、念には念をいれて、繰り返し教育し信念にまで昇華させねばならないところであります。

同時に完全な自信を植え付ける必要があります。

また一つの業務に当たる度に、その人個人の為にも、サラリーマンは如何にあるべきかを教え示す必要があります。

つまり、すべてに新しく動機づけをする必要があります。これがリーダーの役割であります。

その為に若干の重複もあえて、ここに事前教育の為の指針を述べてみたいと思います。

①サラリーマンはどうあるべきか。

よく、仕事は、やってもやらなくても同じだという自嘲めいた言葉を聞くものです。本当にやってもやらなくても同じでしょうか。仮に、企業は自分の働きに正当な評価を与えていない、従って、やれば損をするから、ここは手抜きをしてエネルギーを消耗させる事なく流して行こうと決意したと仮定しましょう。これも一つの生き方かも知れません。しかし、このセーブしたエネルギーが蓄積され、その蓄積されたエネルギーが、ここぞとばかりに爆発し、定年後大輪の花が咲くのであれば、この考え、この作戦は成功する事になります。

果たして省エネ分が蓄積されるものでありましょうか。

それが一挙に花を開かせる事につながるものでありましょうか。

否なのであります。

省エネをすれば、本来の能力、気力、さえも退化し衰えていくのであります。人間は全能力を全開させて運行していかねばならないのです。つまり消エネは消エネにならないのであります。

与えられた職で全力を尽くす事は、自分の能力を磨き、自分の自信を作りあげることになります。会社の為と思いたくなければ思う必要は全くないのであります。企業と自分はギブ＆テイクの関係であるから正当に買われていないと確信するなら、ギブをするなということです。

但し往々にして若干錯覚があるのは、あるように見えて人材というものはないものなのであります。少しキラリと光って見たらどうか。試してみたらどうでしょうか。

また自分は仕事以外には企業なんかと関係はないと言う人が多くいます。

しかし結婚式の主賓がスピーチをする場合、片や新郎サイド主賓が一流企業、片や新婦サイド主賓が五流企業では、個々人の能力人格は問われないで、格を比較されるでありましょう。

五流企業の主賓は上気してしまうでありましょう。

格負けをするのであります。

葬式において有名企業社長の弔電は汗を流して参列している人より先に読み上げられ、権威付けに使われているではないでしょうか。世間では企業が大きいほど、そこに所属している人も優秀の可能性は高いとするものなのであります。自分と会社は関係はないという事はないという証拠であります。この会社をよくする事は、自分の世間における地位を上げている事になるのであります。

過去に百貨店で、リストラに応じてやめて行った人は少し骨のある、仕事が出来る人が多いと言われています。しかし、その後はどうしているか追跡したら、とても表現出来ない生活をしていると言う事をよく聞くものであります。自分の属する百貨店のＯＢで、この道数十年のベテランが、自分の専門で成功した人は果たして何人いるでしょうか。零に近いでありましょう。

それほど百貨店は甘い商売をしているのであります。みだりに左右を見ずに、与えられたこの仕事を通じて、何かを摑んで見たらどうでしょう。

こうした道理に、納得をして行動を起こそうではありませんか。

②他企業から見て恐いものを作ろう。

ハード対ハードは必ず大が勝つものであります。物量対物量の競争もほとんどの場合大が勝ちます。

しかし例え小であっても、絶対負けないものがあります。それは人でつけた差でありま す。人で付けた差は追いつけません。更にノウハウ、つまりやり方で付けた差も追いつく事は出来ないのであります。

よき人材を得て、ノウハウという目に見えない装置を完成したら、いかなるハードを持ってしても太刀打ち出来ないのであります。

人の能力と練度を高め、勝つための目に見えない装置を作り上げる事は素晴らしい事であります。

他企業が例え覗き見で表面を見て皮相にも、ああ分かったと言っても、結局は真似出来ないと云うような、装置を作ろうではありませんか。今提唱するカード戦略も、不敗の装置を作り上げ、この装置を通じて、あらゆる顧客に働きかけ、心のシェアを獲得して行く事が目的であります。

全商圏の圧倒的な心のシェアを占有出来たら、あらゆる所で親しく〇〇さん（百貨店名）と呼んで頂けたら、どんなに楽しく嬉しい事でしょうか。

これは、やって出来る事なのであります。

③地域に風圧をかける。

訪問開拓にあたって、何らかのカードを既に所有している人は、必ずと言っていいほど、他の所有するカード名を列挙して見せ、もう充分と言うものであります。これは別に拒否ではなく、カードを持つ優越感を誇っているだけで、本当のところは更に持つ可能性は充分にある訳であります。その事は、よく引き合いに出される例、ネクタイを持たない人に持たせるのが難しく、沢山持っている人に更に勧め易いと言うのと同様であります。つまりカードを持つ人はその有利性を認めて更に持つものであります。地域についても、同様な現象が見られるものであります。

カード保有者が多い地域程、持って戴き易いものであります。また二度三度と繰り返し訪問すればするほど地域にその百貨店の風圧とも称するべき影響が強く表れるものでありります。そうして、この風圧をかける事が繰り返されることによって、いわゆる地盤というものが形成されて行くのであります。

④自社ブランドに自信と誇りを。

開拓に限らず、百貨店の名を名乗って入って行く事が不可能なところというものは、絶対にないという自信を持つべきであります。

自分達の百貨店はこれほどの信用と信頼を得ているものかということを驚きを持って知

らされる事になります。

実に、百貨店は人気ものなのであります。その意味で自社ブランドに絶対の自信と誇りを持って訪問して欲しいのであります。

百貨店の名を名乗れば、如何なる門も開くのであります。突然の訪問であろうがなかろうが門は開くのであります。

よく、門前に、「物売り押し売りお断り」というプレートが貼ってある家がありますが、これは百貨店には該当しないのであります。自信を持って門を開けて欲しいのであります。「ああ〇〇さん」（百貨店名）と言う言葉で、なんの抵抗もなく自然に受け入れられるのであります。

これほど信頼と人気のある百貨店に属しながら、我々がそれを自覚せず、おずおずと消極的な態度で望むなら、折角の優位性も台なしであります。

如何なる仕事でも、如何なる場面でも、出会いの印象は極めて重要である事は言うまでもありません。

ましてや、見知らぬ人を尋ねる場合、なんで自分がこんな仕事をしなければならないのだろうか、とか、不安のあまり弱気になったり、不平の顔をしていたり、おずおずした態度でいたりすれば、忽ち先方から心の底を読み取られるのであります。そうして、上から強引に、のしかかられるのであります。

人間とは残酷な面があるのであって、弱いものは際限なくいじめられるのであります。ついには死に至る迄いじめられる例を現に見ているではありませんか。

逆に、背筋を伸ばしたさっそうとした仕事をすれば、尊敬され、一目置かれるのでありますます。同じ仕事をするのであれば、背筋を伸ばしてさっそうとした仕事をしようではありませんか。よれよれ、おずおず、弱気、不平、負け犬、物乞いのような態度は、馬鹿にされ、上から、のしかかられると知るべきであります。

⑤拒否は拒否にあらず。本音と建て前。

百貨店がいくら、好意を持たれている存在と言っても、更に顧客にとって、条件面でこれ以上の優待は考えられるのだろうか、というようなカードの特典を引っ提げて訪問しても、「待ってました」と反応し、言うや遅しとご入会というようなケースは極めて稀であります。一般に、人というものは、下手から出られたり、お願いされた場合、もっともらしく値打ちをつけるものであります。色々な応答が用意されていたり、というよりお断りのニュアンスの返事が返ったり、じらせるようなやりとりの応対を受けるのです。

「遠いからいかない」「買わない」「そちらの方へは行かない」「カードは嫌い」「カードは持たない主義」「現金で買う」「主人と相談してから」等などであります。

これは前出に触れたところであります。

ここに拒否の常用語を示したからと言って、別にこれを理論的に打ち破る話法を考えよということではありません。ただ現象として殆ど万人のかたが断られる場合には、この常用語を使われると言う事を示しているに過ぎないのです。

平たく言えば、皆同じ事を言われるのであります。

つまり、つい言い易い断り文句なのであり、深く考えた上でと言う事でもなく、それ以上他意のあるものでもないのであります。

これに幻惑されたりフェイントを掛けられる事は不要なのであります。

では、皆一斉に同じ事を言うこの種の同じ言葉は本当にお断りなのかというと、全くそうではないのであります。

顧客は、当方の説明を聞きながら、持ったときの有利性、そう言えば、だれそれさんが持っていたなあ。買わないときはどうなるのだろうか。引き落とし口座に予め入金して置く事に付いての自信の有無、カードを紛失したときは?会費はなしという説明だが、後で条件が変わるのではないか。などなど、頭のなかを、高速コンピューターが駆け回り損得を計算しているのであります。

その間の極く僅かな時間を、「えーと、今から考えるから、四、五分待って」と言う訳にも行かない上に、本能的に、権威付けの為とか、駆け引きもあって、拒否的な言葉を口にして時間をかせいでいるのであります。

これを通俗な言葉で表現するならば、三味線を引くと言う事に相当するのであります。従って、この場合の拒否は拒否ではないのであります。

会話が進み、再度特典の説明等を加えれば、ご入会という事につながるのであります。入会を決心されるときの最後を決める言葉は、「本当に会費は要らないの」「本当に買わなくていいの」「持っているだけでいいの」という共通の言葉で最終打診があり、その通りである旨の返事をすれば、決心が付くのであります。この辺のお互いの応答は、馴れた者から見れば、半ば儀式のようなものなのであります。

心の中で半ば決めて最終念を押しての確認は、当方への確認の形をとってはいるが、顧客の自分自身に対する理由付けであります。

さて、申込用紙記入後は「ご苦労様、よろしく」「何時送ってくるの」という言葉や、先刻まで行った事がないと言っていたその口の下から、先日の買い物の話が出たり、カードは嫌いと言っていた口の下から、他カードを沢山持っている自慢話が続々飛び出すのであります。

本音と建て前はこのように違うのであります。

再度〈**表7**〉（七十二頁）を参照してみて下さい。この獲得したカードの九九％は、やりとりの中では、一旦は拒否されたものでありましょう。

これが今述べた経過を経て、入会した暁に、そのほとんどが、購買行動に出られたと言う事実は、以上の顧客の心理分析を裏付けるものであります。

⑥得を与えに行く。心の橋を架ける活動。

繰り返し強調したいのは、カード会員に入会するという事は、顧客にとっても、得する事はあっても、損をする事がなにもないのであります。

従って、堂々と胸を張って、背筋を伸ばして顧客に対応して欲しいのであります。

この活動は百貨店と顧客の間に心の橋を架ける活動であり、顧客と双方向、ＴＷＯ―ＷＡＹの関係、意志のキャッチボールをする関係を築くためのものであります。

これがこの活動の第一義であり、カード獲得は副産物であります。従って、親しくお話をしに行くという気持ちを大切にしたいものであります。

⑦開拓は全戸、軒並み。「接近」

改めて強調したい事は、開拓は全戸軒並み、例外なし、で徹底すべきであります。

何故訪問は、全戸軒並みの必要があるのかについて、その理由は多々あります。

これを能率の面でも解説をして置きたい。

ある百貨店では、送達伝票、進物伝票などなどを利用して、何らかの手がかり、つまり縁のある顧客と言うものを摘出し、これを地図上で確認し、それらに向かって訪問をかけているところがあります。如何に住宅地図が発達していても、一戸に向かって、例へ数軒のグループをまとめてでも、このレベルの小さい目標を探し当てることは、難しいものでありますす。一例を言うならば、よく急に通夜に行く必要が生じ、聞いたばかりの説明に加え住宅地図を手に尋ねて行っても、なかなか探す事がむつかしかった経験がないだろうか。訪ねると言う事は案外難しいのであります。この百貨店では、これに専任するベテランをもって、口座獲得が、一日平均、一から二口座と聞いているとおり、極めて能率が悪いのであります。

順順に全部軒並み訪問をかける、これは好能率であり、非常にたやすい事なのであります。全戸軒並みの意義は前にも述べたところであります。断られようと、入会を獲得しようと、数字的な結果は二の次であります。飛ばさないで、全戸に万遍なくかけた訪問は、等しく歓迎を受け、地域に風圧をかけ、好意の渦を巻き起こすという好結果を得る事が出来るものであります。

⑧「接近」の大切さ。

ここでは更に「接近」の重要性を述べておきたいと思います。

人と人との間は、そのお互いの距離が小さければ小さい程、親しいのであります。具体的に言うなれば、一番親しい関係というものは恋人同士が密着している状態です。続いて、親しい状態はお互いが手に手をとりあっている状態です。続いて握手をしている状態、と言う具合に、段段と離れれば離れる程親しくなくなるものであります。千キロもへだてれば、疎遠にならざるを得ないのであります。

したがって、親しくなるためには、とりあえず接近が重要なことは言うまでもありません。思い切って接近をして欲しいのです。訪問し、名刺の渡せる範囲（必ずしも渡す必要はないが距離の目安として）までに接近し親しく面談を交わす事が重要であります。

つまり、如何にしてお会い出来るか、家の中から出て来て戴けるかが、効果の分かれ目になる事が多いのであります。

全部が全部とは言い難いにしても、まず、明るくさっそうと「御免下さいませ、〇〇百貨店でございます」と名乗れば、出て来て戴ける確率は高いでしょう。暗く、沈んだ、おどおどした声では、うさんくさいと思われ面接の可能性は極めて低くなる事は間違いがありません。技術的な事は二の次であります。明るくさっそうとしている事は、何にもまして大切なことであります。

⑨自己への挑戦。自己管理。

筆者は、百貨店時代のすべての業務において、またこの種の活動においても、いまだかつて業務にノルマを課した事は全くありません。ノルマを課さなければ働けないと言うのは自らの働きを奴隷労働化するものであります。自ら自発的に自らの目標を設定し、その目標に積極的に挑戦する事がなにより貴いし、自己規制上そう有りたいと願うものであります。

例えば、「最近は一日平均、五口座開拓の実力が出来て来たようだ。次は六口座に挑戦しよう。その為には、出発時間を正確に順守して午前中に三口座を確保しよう。」というように自分で目標を設定し、自分でこれに挑戦したいものであります。目標は、数字ばかりではありません。「今日は、実は各戸訪問を励行せず、少し気後れをして励行を怠った部分がある。これをみずから反省し、明日は必ず、各戸訪問を励行しよう。」というのも挑戦であります。「今日は少しおどおどした会話を交わしてしまった。明日はさっそうとした会話を交わす努力をしよう。」というのも挑戦の一つでありましょう。

要は自己管理を行い、監督者がいる、いないに不拘、誠実に業務を遂行しようという態度が必要であります。この事は、前にも述べたように、手抜きの人生、省エネの人生がついには大輪の花を咲かせる事はないという事にもつながる事であります。

人間は、常に自分で目標を設定し、その目標に挑戦を続けるものでありたいと願うものであります。

こうした意味で、この業務は特に、監督者がいない所での勤務を通じて、体力、気力、誠実さ、忍耐力、持久力、を赤裸裸に表すものであります。

依って、これに抜きんでたものは、〝人材〟であり、企業としても高い評価をもって対処すべきものであります。

人と企業の間に、こうした好循環が生まれれば、やってもやらなくても同じという、体質が払拭され、いきいきした血が流れる企業体質が生まれることにつながる事になります。これを明確に打ち出し実行している企業が現実にあり、必然的に志気も極めて高く、業績を大いに上げているところであります。

⑩知人、友人、縁者。

こういう業務に当たっては、通常、業績を上げようと、熱心さのあまり、知人、友人、縁者にコネを辿って入会を勧めようと言う考えが出て来て当然のところであります。

その熱心さは嬉しいが、その必要は全くないと堅く戒めたいのであります。なぜならば、コネを手繰って、方方にある目的地を訪問するのに時間と労力をかけ、時には手土産を下げて、尚且つ気持ちの上でも、〝借り〟を作って行く必要は毛頭ないのであります。自分の腕さえ磨けば、各戸軒並み訪問で、大いに成果を上げる事が出来るからであります。

更に、如何に労力を掛けようとも所詮は義理で入会したカードは、稼働しないものであります。

要は、〝貰う〟という考えは捨てるべきであります。

外交はもの貰いではないのであります。

出来るだけ、借りを作る事を避けたいものであります。

⑪滞留時間と接触頻度。

百貨店では外商分野において、よく、「Yさんと、とても親しくて、何時間上がり込んで話を交わした」Zさん宅では、「何時間世間話も交えて会話に花が咲き効果があった」Xさん宅では「一時間粘った」等と言う事を聞くものであります。確かに親しくなったからこそ出来る現象でありましょう。親しさを維持している証拠でありましょう。しかし、例えば訪問先で四時間滞留すれば、半時間滞留するよりも八倍親しくなるものなのでしょうか。

二時間滞留する事は、半時間の四倍親しいのか、親しくなるのか、と言うならば、そう言う事ではないだろうと言う事が出来ます。

なんとなれば、親しくなるのは、滞留時間にあらず、接触頻度なのであります。四時間先方顧客宅にねばるより、一〇分の訪問を四回する方がはるかに親しさを増すのであります。二時間粘るよりも例えば二〇分の訪問二回、五分の接触二回の方がより親しくなると知るべきであります。

滞留時間の長いことは、親しくなければ出来ない事には違いがないが、親しさを示す事にはなっても、親しさを創造する事、親しさを増進する事にはつながらないのであります。再度強調したい、「親しさは滞留時間に非らず、接触頻度である」。

極論すれば、特に必要なケース以外、先方の暇潰しの鴨になっているとさえ言えます。また、受け入れてくれる訪問先が底をついた結果そこに滞留せざるを得なかったという場合も現実に多いのです。

一般にいう訪問に関する考えはマンネリで行きづまっているのではないか、訪問と言うものの取り組み方を再構築する機会が到来しているのであります。

表敬訪問（ハッピーコール）の意義、効果をもっと分析し実行に移すべきであります。カード戦略における開拓訪問は、この考え方の徹底であります。テキパキと次々に訪問をかけ、地域に波状攻撃、波及効果、風圧をかけていく事が必要であります。

顧客は、テキパキと去って行った事に対し、要件だけで辞去した事を決して失礼とは受けとめないのであります。

適切な間隔で行ったまたの来訪を、「近ごろ熱心ね」「何度もご苦労様」「暑いのに大変ね」と歓迎されるのであります。

六、前向き思考と健康

そもそもの発祥に呉服屋が多いという百貨店が、外歩きをもって、低レベルの仕事であると社員に思わせるようになって久しい。

不況下リストラ多発中といえども、外勤は一般的にも、歓迎されないようであります。しかし、背後から監督者に監視されながら机に張り付き定型業務をする事がそれほど誇るに足る事なのでありましょうか。前向き思考でありたいと思うのは独りなのでしょうか。考えても見て欲しいのでありますが、大体、歩いて病気になった例を聞いた事がありません。

歩く事は万病を治すものです。健康の素であります。

近鉄百貨店本店でのことでありますが、ある日一係員から、「今日で東京を往復しました」とおどけて報告をされた事がありました。聞けば、毎日の歩数を記録していき、歩幅を掛けて計算の結果、本日東京往復を達成したということでありました。毎日ほぼ、一万三、〇〇〇から五、〇〇〇歩を歩いているとの事で、将に適正歩数であり、その思考自体がユーモアもあり、健康的であります。

七、気力、迫力、「説得」。迫力あるお勧め

すべての業務において、当えられたものについては、すがすがしく、全力でやり遂げたいものであります。

やってもやらなくても同じという事は絶対ないものであります。前にも述べたように、手抜きをして省エネをして得をするかと言えば得をする事は絶対にないと断言出来るのであります。省エネ分が蓄積される事がないからであります。

返って、手抜きをすればするほど、自分の気力、能力、技術が退化して行くことになるからであります。

気力と言う言葉を使うと、自称現代人には、いかにも、古風な精神論と聞こえるかも知れないが、これを投球に例をとると理解されるでありましょう。

プロ野球においては、投手の投げる通常の球速では乱打されるものであります。したがって球速を如何に増すかが投手の運命を決める事になります。しかし不思議な事に、超一流投手が気力、気迫を乗せて投げたスローボールは打てないと言います。球に気迫があるものと、ないものとが現にあるというではありませんか。

このように遅い球速と言えども気迫の乗った球は打てないといいます。これは古風な話

でありましょうか。

内面に気力と迫力をもって、しかしソフトな態度で顧客に接し、顧客を〝説得〟したいものであります。

八、話法。口の上手、下手と饒舌

〝私は口が下手ですからこの仕事に向きません〟ということをよく耳にするものであります。

この言葉を発する事自体がその人の無責任、不勉強、無能をあからさまに物語るものであります。

顧客に接する百貨店に入社して、数年、十数年を経過して、顧客とまともに対話が出来ないというのであれば、即、失格であります。ここに、一般に言う、口が上手い下手という言葉に誤解があるようであります。

つまり饒舌をもって口が上手い、寡黙を口が下手と簡単に思っていたり、或いは他人を上手く騙せる人をもって口が上手い、騙せない人を口が下手と言う定義をしているようにも見えるのであります。

実戦では、一見立て板に水のように、しかも際限なく話す人が弱く、とつとつと話す人が強い結果を生む事が多いのであります。

相手と会話が双方向になっているということは、〝決めるべき所〟で、折り目よく〝決め〟ているかという事をもって言うのであります。つまり、饒舌にしゃべくっているだけか、話しがポイントをついているか、と言う事であります。

繰り返すが、本当の上手下手とは、言葉の回転数を言うのではないのであります。

実際の場では、キイになる言葉が数語、時間にして四〇〜六〇秒でご入会して戴ける事になります。

十数分、言葉を乱射し、顧客をのけぞらせようとも、獲得出来ないものは出来ないのであります。

言葉数よりも大切な事は、あくまでも会話が双方向になっているか、そのための〝間合い〟〝表情を読む〟こと、その前提としての落ちつきが何より必要であります。当然更に、その前提としては、顧客にお得な話しを持って来ているのだと言う自信、お話に来ているのだ、ものを貰いに来ているのではないという背筋を伸ばした気構えであります。

当方の自信が相手の信頼を得るのであります。

九、会社、学校

会社という言葉を聞くだけで営業中に訪問は無理だと、やらない前から逃げを打つ人が多いのでありますが、特別のアポイントメントをとる必要のある大企業以外、会社と言う言葉にまどわされる必要はありません。

会社の数は我国だけでも星の数ほどあります。その殆どは、奥様が副社長兼経理部長、従業員無し、或いは従業員数人と言うのが大多数であります。

つまり家庭訪問と全く同じなのであります。

まず副社長にお話をすればいい、副社長奥様のいない会社であれば、主任、責任者、お姉様格の人にお話をすればいい。要はだれが、この場でのリーダーかを見きわめればいいのであります。

またこんな例もあるのです。八階建てのビルを使用している会社を訪問する場合、各階が全部口を揃えて総務を通せと言うところもあれば、階毎、叉は部毎に応対して戴ける会社もあります。同じ会社でありながら階毎に応対が違う事も多いのであります。

暇そうでも、営業中は応対不可ということもあれば、いそがしそうであるにも不拘、手のあいた人が応対してくれたり、入会をして戴くこともあります。ここで面白い事は、大体は活気がある会社ほど応対が柔軟であり、勤務時間中と言えども面談の可能性が高く、入会率も高いのであります。逆に、暇に見える会社程、営業中は面談不可というケースが多いことであります。

いずれにしても、企業風土が読めて面白いものであります。

喫茶、食堂、理容院、美容院、薬局、酒屋、等なども同様であります。通常の訪問と全く同じであり、一般に適当に繁盛している所ほど入会率は高いものであります。

経験が教えるところを披露すると、例えば商店などの場合、訪問をしてきた人を頭から買う買わないで見分けをして、応対態度が変わるところは結果閑古鳥が多いのです。こういう店では暇そうだから当方の相手をしてくれて入会してくれるかと言えば、さにあらずでむしろ難しいケースが多く、「今営業中だ」と言われることにも出会わすことになります。

ところが人が出入りしている店、例えば、喫茶店や美容院へ行ってみると、繁盛している店は、共通して来る人は全部客という感覚が通っているものであります。「忙しい時にきて」と言いながら、相手にし、居合わせた客もこれに呼応して、買物談に話が弾み、入会に至る事が多いのです。つまり、その場での損得で客を選ぶ事の無い主人の人柄が客を呼び、少々客が多くても処理する能力が出来ています。したがって多い客をあしらう事に馴れていて、飛び込みにも対応出来るという図式になっているのです。

ここでも活気が活気を生み、客が客を呼ぶ事を教えられるものであります。

学校の場合も同様で、教頭先生の許諾があれば、職員室で即座に勧誘は可能であります。

一〇、返事は審査から

訪問し、面談と観察を経た入会は、殆ど与信上拒否が生じないのが通例であります。しかし稀に、ネガが生じる事があるのは致し方がありません。

この時には、お断りは審査係りがするものであることは当然のルールであります。開拓は〝万一〟の心配等に拘ることなく、（いい加減な入会を勧めると言う事ではない）開拓に邁進する仕組みを確立すべきであります。

一一、社内の呼応体制、感激の共有

顧客が、店頭で購入されるにあたって、まず、「カードをお持ち戴いていますか？」と声をかけることは、カードの受け入れが歓迎されるという事を顧客に印象付ける上でも、カードの活性上も絶対徹底すべき事であります。さらにレジで勘定をした後でカードを出されるとトラブルの原因にもつながるのでこれの予防にもなり一石二鳥の効果がある事を前にも述べた通りであります。

社内の呼応体制は、こうした店頭販売員のレベルに留まる程度ではいかにももったいないことであります。

顧客を訪問する事で、顧客から飾り気のない率直な感想、注文、他店情報、他店との比較、などが続々と寄せられるのであります。

これを修正、加工しないで、生の表現のまま、トップに上がる事が極めて重要であります。加工を加えない生の表現でないと真意というものは伝わらないものです。

折角の生きた情報をまずトップが握る事は経営施策を施す上で極めて有効、重要であります。

平成一〇年一〇月二日の中日新聞は、市内の他の三店と状況を異にして、〝一方名鉄百貨店は六ケ月連続で前年を上回った〟と報じています。この成功した改装について、佐藤社長談話として、「鉄道駅という好立地、行くには便利という事だけで百貨店は生き残れないと言う事だ、原点に戻って顧客の百貨店に対する意見、要望をこの二年余りで一六〇万件聴取……。その結果来客の八割を占める女性客の多様なニーズ……」を把握した上に立って得た成功事（八月二五日中日新聞）と答えられているのはさすがであります。

訪問開拓によって、毎日豊富な顧客情報を得る事になるが、お誉めを戴いて、こんな点に顧客の好評を戴いているのか、自社にこんな長所があったのかと、顧客の激励、好意の数数に感激する事も非常に多いのです。この感激も社内に伝え、共有、共感を呼び交わす事が更に重要であります。

これがやりがいを生み、生きたサービス向上につながるものであります。

更に加えて、顧客開拓部隊のエネルギー、実戦から得られた施策が効を奏して行く事が即実戦に強い企業風土を呼び込む事につながるのであります。

この活動は単にカードを獲得するだけの活動ではありません。企業風土に新風を吹き込む運動でもあります。

百貨店によっては新人研修の必修コースに組み込んでいる所も出て来つつあります。

研修を終えて、先輩の配慮への感謝、顧客宅を企業の代表という意識で訪問する事で、入社してこの企業の一員になったという誇りと自覚を実感したという感激、顧客は大切という事を痛切に実感したという体験談を聞く事は非常に嬉しいことであります。

顧客が、訪問に来たその時の新人を、売り場へ激励の為に尋ねて来店されたという話も、実際にあるのです。双方に心が通ったのであります。

一二、人材の発見

この業務で実績を上げる人は〝人材〟であります。
なんとならば、殆ど外出、監督者の目の届かない所で、単独で、持久力を発揮し、継続して、実績を上げ続ける事の出来る人は、先ず忠誠心、誠意と実行力のある人材であります。単に〝ああ外交が上手いのか〟という評価であってはならないのであります。他者を代替させればどうなるか、試してみれば分かる事であります。極論すれば、こういう業務で一度全社員を棚卸ししてみるのも一興であります。案外口だけで生きて来た者も発見する事になりましょう。

こうした人材に処遇を以て応える事は、やった者は報われるという社員の自覚を呼び、企業の体質改善、活性につながることであります。

一三、管理資料

この活動に関し、管理資料はシンプルな一枚に止め、基本的にはそれを積み上げ、それ以外は全く不要という発想で遂行して行く事を提唱致すものであります。

この管理資料の中に、数字的なもの、地域への到達時間、アクセス、目標物、地域性、顧客の反応、意見等を一括して盛り込む必用はあっても、あまり細部に亘って欄を規制しありますが、その他注記が実際は有効情報なのであります。

欄を複雑にすることは、返ってそれに該当しない情報を逃がす事になりがちであります。案外、所定欄に該当しないような、その他情報、その他注記が実際は有効情報なのであります。書く場所がなければ余白に書くとか一枚足せばいいのであります。

したがって、この資料一枚で、殆どが読み取れ全く支障がないものであります。〈**表12**〉参照）

簡単に報告資料の形式を変更したり、次々と資料を要求する事が往々にして見受けられるのでありますが、その資料を届けるまでに、下請け、孫請けと各層、各段階で果たして何人の労力が使われているのでありましょうか。そうして、これが将に有効に使われ、企業にとって画期的な決断を呼ぶのであればまだしも、〝ああそうか〟と物知りの知識の一片を満足させるだけでは、あまりにも使った労力に申し訳がないのであります。

物知り程度の情報が欲しければ、親しく現場へ出向いて聞きに行く事を提唱するものであります。現場は緊張し、出向いた事に感激し、受けた質問によって研究心が触発され、志気も上がる事になります。

〈表12〉

担当		

宅　訪　日　誌

平成　　年　　月　　日（　　）天候＿＿＿

宅　訪　内　容	日計(件)	累計(件)	外　出　先	出発　午前・午後　　時　　分 帰店　午前・午後　　時　　分
①　訪問件数　②＋③			地域番号	
①　留　守				
③　面　接　④＋⑤＋⑥			目的地までの交通機関、道順、最寄りの目印など	
④　自社カード				
⑤　拒　否			地域事情・視察・見聞した事など	
⑥　成　立				
⑦　その他成立			お客様からのご意見、ご要望など	
⑧　成立計				
⑨　成約率　⑧÷(③−④)				
⑩　在宅率　③÷①				

〈その他〉

第八章　各百貨店の事例と〝人〟が活躍しているチョット良い話

何事も事実に勝るものはありません。これまで終始一貫して、実戦に基づいた論を述べてきたのでありますが、ここで再度、既にかなり過去の事例となり、その間、商況も激変していることでもありますが、各百貨店で実際に経験した事例を紹介します。

尚併せて、各所においていきいきと〝人〟が活躍している好ましい話をお聞きとり戴くことにしましょう。

一、京都近鉄の事例

平成五年二月～四月。九月～一〇月末の二期に分けて訪問による顧客開拓を実施したのであります。

要員は事務部門所属の新入社員、三〇名を当てて実施。企業側は当初、事務部門のしかも、新入社員と言う事でかなり危惧をされたようでしたが、終始志気高く完了しました。

結果は、約一万件強の成約を見ました。数名の女子社員が色を添えて効果的でありました。また並行して外商においても、ともすれば目減りをしがちになる新規顧客の開拓を社内競合して実施をされました。

売上効果については、日経流通新聞平成六年七月九日に、以下の如く紹介しています。

「売上高もそれまで前年比マイナス四～五％だったものが、プラスに転じた。」と。

二、ユニーカードサービスの事例

平成五年八月。

各種ノウハウ蓄積の一環として、及び特に新規開店時に適用する事の適否等の研究として実施されたものであります。

当時、カードの特典面だけを比べれば、百貨店よりも条件の悪いカードを以てしながら、百貨店の顔色がないくらいの完全制圧の地域を持っていると言う事実を併せて知るところとなりました。

社長自ら炎天下、体験を共有するなどの熱意を示され、こうした事からカード顧客を軸に地域密着、地域制圧している事の理由がここにある事を知る事が出来ました。

要員としては、あくまで実験なので、社員やパートを割く事ができないとの理由から、人材派遣会社の人員を当てられました。

実地教育とツールの有効利用によって派遣員で訪問開拓の戦力になることを実証する事が出来たのであります。

終了時、社長自ら全員と食事を共にされ、炎天下さぞ大変だったろうと労をねぎらわれ、併せて感想等を聴取されたが、派遣員は口々に今後この仕事があればしたいと訴えたのであります。

会社側は炎天下の労苦を知るだけに驚き、その意味を尋ねると、大変な仕事ではあるが、開拓に成功したときの〝やった〟という味は何物にも替えられない、「やりがいのある仕事である」と言う返事でありました。

三、近鉄百貨店、奈良店、橿原店の事例

「近鉄百貨店は八六年四月に橿原店を出店。九二年一一月には奈良店を従来の約三倍にあたる三万二九八平方メートルに増床しました。

ただ消費不況に伴い、奈良店は一年間の売上が当初目標（三三〇億）を一割強下回っているほか、橿原店も伸び悩み傾向にありました。

この為、「訪問活動を通じて商圏内で店舗の浸透を図り、販売をテコ入れする。」（日経流通新聞平成五年一一月一一日）に基ずき、両店を併せて計五〇人社員をもって商圏二六万世帯の制圧を目指して開拓するところとなりました。

訪問開拓を波状的に繰り返す事で、結局期間内に延べ五〇万世帯訪問の実績を上げる事

が出来ました。

一〇月に開拓訪問を開始したところ、即、翌月一一月から二桁増の全店売上をみましたが、繊研新聞、平成六年二月二三日の記事によると、「売上において、平成五年一二月一一・二％増、平成六年二月二〇・〇％増、さらに昨年一二月以降の入店客数は二五～三〇％増になる。」と報じています。

日経新聞平成六年五月二七日にも、「昨年一一月から今年四月にかけて毎月の売上金が前年同月に比べて二桁台の伸びをみせたという」とその成果を報じています。

尚、この間、両店で発送したＤＭは「二五％のレスポンスあり」と日経流通新聞平成六年七月九日に紹介されています。

その後、二年間に亘って増率が全国一を継続するところとなりました。

前にも紹介したように、開拓員については本社社長が即時大英断を下された事を背景に、「近鉄さん、うちなんかお呼びじゃなかったんでしょうね」と言いながらも、さすが奈良の王者の訪問は各戸毎に大歓迎を受け、口々に「よく行っているよ、何時も行くよ、前回これを買ったのよ」という、好反響をうけるところとなりました。

近鉄駅前商店街へ開拓訪問をしたところ、「最近このカードを見せる客が増えたので、どこのカードかと思っていたら、近鉄のカードだったのか」と驚かれる事もありました。

（ＶＩＳＡ、ＤＣ、ＪＣＢの提携カードであるので、これを示しての外部での買い物も増加した事を示すものであります）。

親会社に当たる鉄道の役員宅も、知らないが故に漏れなく訪問した結果、役員間で、我が家に訪問があったと、口々に自慢しあい、留守だったのか訪問を受けなかった役員は悔やしがるという一幕もあったと聞きました。そうして、鉄道の役員全員が百貨店の健闘を称え喜びあったと言う副産物まであったのであります。

四、近鉄、上本町店、阿倍野本店の事例

平成六年四月から、一〇月まで、実施。

日経新聞平成六年五月二七日には、以下の如く紹介されています。

「販促へ大阪市周辺の一〇〇万所帯を戸別訪問」「近鉄百貨店は大阪市内の阿倍野、上本町両店で、一〇〇万所帯の消費者の自宅を戸別訪問する販促ローラー作戦を展開する。昨秋、奈良県内の二店でローラー作戦を実施、予想以上の成果を収めた事から、主力の両店で大々的に取り組む事にした。売上低迷に悩む百貨店の新しい販売促進策として注目されそうだ」。「阿倍野店では社員六七名を訪問要員にあて、六月から大阪市内や藤井寺市、松原市、羽曳野市、富田林市など、七五万四〇〇〇世帯を目標にしている。上本町店は既に

四月から実施、二六人の社員が大阪市、東大阪市、八尾市などで三二万二、〇〇〇世帯を今年いっぱいかけて訪問する。消費者から生の声を聞く事で近鉄百貨店に対する意見や要望事項、贈答品の来店願い、近鉄グループのクレジットカードであるＫＩＰＳの勧誘等を行う。社員が各世帯で聞いた苦情や要望事項は社に持ち帰って店頭でのサービス改善に役立て、店内の活性化に活用する。……以下略」

また日経流通新聞平成六年五月三一日には、以下のように紹介されています。

「昨秋、カード開拓コンサルタントの日本カード開発（大阪市、城福維伸社長）と組んで奈良店、橿原店で同様のキャンペーンを実施したところ、際立った増収効果が出たため、基幹店で大規模に展開する。同社は九四年二月期の決算で五年ぶりの経常赤字となったが、足で稼ぐローラー作戦で不況乗り切りを目指す。……昨年一〇月奈良店、橿原店でローラー作戦を日本カード開発と組んで実施したところ、翌月から効果が出始め、昨年一一月から今年四月にかけて毎月の売上高が前年同月に比べて二桁台の伸びをみせたという。」

実施の結果は、前述のとおり社長の決断と、社長がこれと併行してなされる各種施策、これに呼応する諸努力とが一体となり、近鉄の大阪市内百貨店における売上ランキングでは、首位常連候補の阪急、大丸、高島屋を抜いて、同年四月、五月、六月とも対前年比増の数字では首位。特に五月は一八・三％増、六月は六・六％増を示し、以降、首位を確保

するに至りました。（協会、平成六年八月二〇日発表）

開拓活動の立ち上がりに当たって、以下のような事が発生しました。

阿倍野本店において訪問開拓部隊の一員として辞令を受けたものが、その日に辞表を出す事が発生したのであります。通常は一人の事であるので、数字上の大勢には影響がないと言う事でやむなく放置をするような事が多いと思われますが、断固、社長は即座に翌日欠員を補充されたのであります。これを以て、不退転の決意を示されたのであります。ここで企業の期待を身に沁みて認識し、全員が忽ちピリッッと引き締まり、やる気を出した事は言うまでもありません。

奈良店において、即座に本社員を開拓に当てると決断された事や、阿倍野本社において、わずか一名の欠員だと放置する事なく、出発に当たっての企業の決意を表明された経営の切れ味は、見事という外はありません。

即座に上記好業績の成果を見た事もこうした裏ずけが、呼応しての結果と言う事が出来るのであります。

五、丸正百貨店

過去に和歌山県の一番店を誇った丸正百貨店が、訪問開拓に挽回を託されたのは平成七年九月でありました。緊急の事とて、店頭との連動体制の整備不充分、カードの条件面も不整備のままの取り組みとなったのであります。

効果は、平成九年九月三〇日、及び一〇月二日に亘って、繊研新聞に以下のように紹介されているところであります。

「売上高五年ぶり回復・背景に固定客作りの成果」と題し、「和歌山の老舗百貨店丸正が……大健闘をしている。同店の九七年八月期の売上高は一五一億、前年比二・三％増と五年ぶりに前年実績を上回った。」「長期低落傾向に歯止めがかかった」「前年実績を上回った事について、……ハウスカード等を中心とする固定客作りが着実に増えている」。

開拓発足に当たって、競合店の足元を歴訪したところ、「昔はよく行ったものだ」と口々に感慨深い応答を受けました。また足元の商店街を歴訪したところ、口々に、「遂に立ち上がって呉れたか、御社が回復しなければこの商店街も衰退する、頑張ってくれ」という激励を受けた。日常、商調協云云と言う存在も、この不況では、核になる大型店に顧客を吸引して欲しいと願っているという本音を充分に知らされると共に、百貨店の地域への責務を改めて考えさせられるところとなりました。

十数万世帯を一応の商圏とするため、開拓は、同じ地域を反復十数回の波状攻撃をかけるところとなりましたが、毎回ほぼ同じペースで開拓する結果を得ました。開拓すればするほど困難になるという事は決してないという事、評判が評判を呼び、入会を継続的に確保し続けるという事をここでも実証する事が出来ました。

六、金沢名鉄丸越百貨店

平成九年三月五日の北国新聞に以下のように紹介されています。「伊藤社長が持論を披露する。百貨店のお客様は不特定多数でなく特定多数だ。いかに当店を支持して戴ける固定客を増やすかに、今後がかかっている。」「平成七年九月から、同社独自のクレジット機能を持つファミリーカードの拡大プロジェクト」「選抜された社員二〇名が金沢市周辺地区を対象に戸別訪問し、カード加入の勧誘をするわけである。三ケ月の任期の間、兼務ではなく、この業務に専念する。効果は数字になって表れており、二万件前後で推移していたカード契約者が一年半で四万件に倍増した」と。

この紹介にあるように、この社の開拓の特徴は、三ケ月で交替を重ね、全社員参加方式で行うという特殊な形態をとっています。

したがって、平成一〇年一〇月現在は、一三次開拓部隊が開拓に当たっているものです。三ケ月毎に、新人研修を行い、不馴れなスタートを切ると言う反面、全社員が次は自分の番だと言う自覚を持ち、極めて自然に交替が行われています。

三ヶ月で交替全員参加が定型化していない最初の中は、二度三度、連続して参加するという希望を申し出て、会社を感激させた人もかなり出現したのであります。

全社各方面において顧客の大切さを実体験をした訪問開拓の経験者が増加し続けていることで、サービス面においても、かなり顧客満足が向上していると受けとめています。

当然、企業体質面でも、実戦を尊ぶ気風が増加していると観察されるところです。

訪問先の顧客は、当方が忘れていても、先方が覚えていてくれるもので、売り場で、顧客から販売員に、「家へ来てくれた方ね」と声をかけられることも一度や二度ではないといいます。

雪の日、顧客のお買い上げの商品を、タクシー乗り場まで運び、「今日は雪が深いから、お気を付けてお帰り下さい。」と挨拶した社員に、顧客から礼状が届いたのです。

「買い物を運んで戴いた事も嬉しいが、掛けて呉れた言葉の方がもっと嬉しい」と。

これは、一例ですが、着実に、もてなしの心が充実しているのではないでしょうか。

金沢は雪を抜きにしては語れません。積もれば、三〇～四〇センチに及ぶ雪の中を当然の事として外出して行く姿には、頭が下がるものがあります。

近くに、観光ガイドには必ず紹介されている近江町市場があります。当然ここへも訪問開拓をするのですが、大繁忙の中にも不拘、林檎箱の上に蜜柑箱を重ねて、その上で即座にご記入戴くなど歓迎を受けるということも経験しました。

一三次に亘る波状開拓を実施しているので、第一次から、第二次、第三次と開拓を重ねて、その都度成果を上げて来たからには、今回はもう開拓は困難と覚悟をして参加をするようでありますが、心配したような事にはならず、殆ど開拓数は変わらない成果を上げ、意気盛んな終了パーティを以て打ち上げとなっています。「本当に、研修開始に当たっての教育の時に言われたように、開拓数は変わらないものですね。実に不思議です」と言うのが経験者の体験であります。

短期間とはいえ、炎天下、雨の日、雪の中を労苦を共にした為、自然発生的に開拓従事者の同期生の会などが出来ているなどを聞きます。回数毎の開拓数の若干の変動はむしろ、波状攻撃の回数によるものでなく、その時の志気、班長のリーダーシップ、指揮能力によることの方が大きいようであります。

地域一番店はいうまでもなく大和であり、地方都市では、前にも述べた如く、地域一番店の強さと信用は抜群のものがあります。筆者の体験した手応えでは、金沢では、それ以上のものがあり、この地の一番店は、さすが立派と〝体感〟し敬服するところであります。

繊研新聞平成八年一〇月五日には、大和の地域に根差した強さを以下のように紹介しています。「北陸の雄の呼び名にふさわしく、……同社の地域深耕は固定客作りを基本とした全社の大運動、〝私のお客さま百選〟によって進められている。……一人百人の固定客を作ろうというもの。……この運動の中ですでに五〇万人を上回る固定客を獲得した。これは大和カーネーション友の会三五万口座を始め、ハウスカードの外商カード八万口座、大和ファミリーカード一二万口座等に加入した事実上の固定客名簿だ。この数は金沢市の六〇％（八万世帯）……にも及び、全国的にみてもその普及率はかなり高い。」と。

こうした環境の中にあって、名鉄丸越百貨店は数年来、対前年赤字を連続して来たのでありますが、開拓導入の効果もあって平成九年上半期は、対前年六％増、平成九年度通期では、対前年〇・二増と健闘を示しています。

七、阪神百貨店の事例

平成一〇年八月一二日デパートニューズは関西夏の陣という見出しで、在阪百貨店の商戦を展望し、この中で、以下のように述べています。

「在阪の主要百貨店の中でも健闘しているのが、阪神百貨店である。四月の売上高前年比が一〇八・三％（在阪一一社平均一〇五・四％）五月が九九・四％（同九九・五％）六月九八・六％（同九四・二％）で推移し四月から六月までの累計では一・九％前年実績を上回っており、在阪一一社平均値より、二、三ポイント高い数値を計上している。」と。

新聞辞令が出始めていたとは言え、まだ常務であった、現三枝社長が、この活動の必要性を認識し、訪問開拓による固定客強化を決断されたものであります。

決断と言う語は言うに易いが、サラリーマンを経験したものにとって、全社戦略を、当時のこの立場で決断し即実施に移す事は容易ではないと考えられるものであります。

こうしたことから見られるリーダーシップが諸施策の実行を呼び、開拓活動がこれに呼応した結果と言う事が出来るでしょう。

阪神百貨店の投入人員は大阪の市場規模からみれば若干少ないきらいがありますが、それでも二年半の継続は、ここに数字を上げる訳にはいきませんが、社内競合部門と比肩しても所定の貢献を果たし、補う力を持つものに成長しています。

平成一〇年の年頭、全社員への社長訓辞のなかに、黙々と開拓に努力する部隊の功をねぎらう言葉が織り込まれるところとなった。

結果新戦力を増強し、続いて六月に表彰状を部隊に出されるところとなった。

役員、部長が例え一日とは言え、一緒に訪問開拓を経験し、企業の〝心意気〟を示されました。

西宮地域を訪問開拓していた時のことです。神戸地方を襲った空前の大震災で被災した商店主が、生々しい復興の仮設店舗を並べている地域に出会ったのです。

同行係員が、まだ経済的な痛手が大きく、気持ちも落ちついていない今、〝お見舞いどころか、勧誘にきたのか〟とお叱りを受けませんかと逡巡されました。筆者は軒並み訪問は崩さないで行く事をお勧めし、自ら実行を試みたところ、軒並みに大歓迎を受け、「よく来た、私も頑張る、貴方の会社もがんばれ」「立ち直って以前のように買い物が出来るようにする」と力強い言葉や逆に激励まで受け、係員は申込用紙をもって走り回る結果となりました。

商人道を見せつけられると共に、何事においても、思い込みや先入観を持つ事なく、顧客に先ず当たって見る事が如何に大切かと言う事を改めて教えられるところとなったのであります。

八、名鉄百貨店の事例

日経流通新聞平成七年三月七日は見出しに「役職手当一〇%カット、名鉄百貨店、業績不振で」と報じています。

三年後の平成一〇年四月二二日、繊研新聞では、「増収大幅増益に」とあります。

平成一〇年九月二五日、流通サービス新聞では、「つい三年前、二強二弱の〝弱〟の方に含まれていた名鉄百貨店の巻き返しが目覚ましい。」と。

平成一〇年六月五日、流通サービスでは五月の名古屋四百貨店の業績紹介のなかで、「名鉄を除く三社は全体に伸び悩み、……名鉄百貨店は改装効果で前年に続き高い伸び」として一八・六％増を報じています。

同紙七月七日では「名鉄は前年クリア」という見出しで一三・五％増を報じています。

一〇月二日朝日新聞は「九月の売上高名鉄を除き低調」。

中日新聞は「一方、名鉄百貨店は六ケ月連続で前年を上回った。」と八・六％増を報じ、引き続き一一月三日には「名鉄百貨店が〝独り勝ち〟する傾向に変わりがないが……」として一〇月売上の一〇・一％増を報じています。

二〇〇〇年に名古屋駅ビルにJR東海の新百貨店が開店する予定を前に、名鉄百貨店は変身を決意し、一方で〝ニューボーン〟というテーマでの三段階に分けての改装計画、一方では〝固定客戦略〟の基本としてカードによる訪問開拓を採用するところとなりました。これも、新社長が就任そうそうの席の温まる間のない時機に、必要として敢えて決断を下されたものである事も、特記しておきたいと思います。この辺の事情は日経流通新聞平成八年一一月二六日が以下のように報じています。

「顧客開発部は今年四月、社長直轄機関として新設された戦略部署。営業本部だけでなく、外商や経理、物流など各部から四五人が任命された。彼らの役割は、今年五月に導入したハウスカード〝ファミリーカード〟の会員獲得だ。商圏内の四人に一人を固定客にしようと、ローラー作戦で一人一日平均八〇軒を回る。この半年で二六万六、〇〇〇軒を訪問、二万五、〇〇〇人を獲得した。カード会員による初年度売上目標は一五億だが、〝軽く上回る見通し〟という。名鉄百貨店は…典型的なターミナル百貨店、これまではJRや親会社である名古屋鉄道が運んでくる乗客がそのまま来店してくれたため、顧客開拓に汗することはなかった。……名鉄百貨店の今八月中間期は五年連続の減収となった。……カード戦略は当然二〇〇〇年にJR東海が高島屋と提携して開業する新百貨店JR東海店対策も兼ねている。……名鉄百貨店は同店の出店までに二〇万軒の会員獲得を目指しており、〝今のペースなら実現可能〟と見る。」と。

前出の好調ぶりは、施策の両輪が正しく噛み合ったと言う事、両輪とも実行面で、かなり徹底していた事が成功の原因と思われます。

平成一〇年八月二五日中日新聞で、佐藤社長は「改装で来店数アップ。接客など今後はソフト変身を」「来店数は四％アップ、更に実際買い物をした客数は一一％増」「原点に戻って、顧客の百貨店に対する意見、要望をこの二年余りで一六〇万聴取、」と述べています。

固定客戦略についての同社の徹底は、顧客開発を社長の直轄部として志気高く発足させた事にも見る事が出来ます。

次の段階で顧客戦略の重視を真剣に追求し押し進め、結果、全社総合顧客戦略会議をこれまた社長直轄会議として発足させ、あらゆる顧客政策（外商、カード顧客開発、通信販売、顧客満足、各種サービスなどなど）を包含し、常務会とならぶ意志決定機関としたこと。それの中核を意気上がるカード開発部隊に担わせたこと等にみられるのであります。

労働組合もこの活動に高い理解と支援を寄せられ、併せて組合員の勤務現場を知る必要があるとして、幹部がそれぞれ同行体験を実施されましたが、こうした〝心〟があるという事、全社が連動するという事は、特筆に値いするでありましょう。

前にも述べたように、新入社員全員が数日これに参加をしましたが、口を揃えて顧客の有り難さを実感、実体験したと報告する一方、会社を代表して訪問する事で社員としての自覚、誇りを感じたとか、更に先輩の指導の暖かさ、〝彼等としては予期せぬ顧客の暖かさ〟に感泣するケースもありました。

新人の訪問を受けた顧客が、その時の新人を激励の為にわざわざ売り場を訪ねて来られると言う劇的なケースもありました。

訪問先でお断りを受けた開拓員が、辞去しその家の門を開けて出るとき、軽く会釈した様子をたまたま中から見た顧客が感激し、後を追いかけ入会を申し込むと同時に、会社に礼の書状をだすという事もありました。

開拓に従事していた女子社員が結婚で退社するにあたり、冬の寒い中を訪問開拓をした経験が懐かしいと、思い出に使用していたバッグとコートを下さいと責任者に申し出て感激させたこともありました。全員に向かっての別れの挨拶も、ソフトでしかも情も盛り込み、堂々としたもので、顧客と接触すると、見事に成長するものだと言う事を見せつけられるところとなったのです。

主婦も経済通であると感じる時があります。

「最近、名鉄さんの成績がいいと聞いているが、こんな事をしていたの、やはり、なにもしないで良いということはないものなのね。」「あなたのところ、最近調子がいいらしいね。新聞で見たよ、入会する、頑張ってね」という声を聞く事は一、二ではありません。

九、井筒屋の事例

北九州の雄としてばかりでなく、九州一、二を競った井筒屋も最盛から約八〇億、一割強規模を縮小した。

生き残りをかけて二五年ぶりの大事業である本店新館計画を控えて、固定客戦略を再構築すべく、平成九年から訪問による、カード顧客開拓を実施されました。

班長以外全員が女性であり、そのまた、大半が契約社員である事が特徴です。

老舗百貨店としてのブランドへの信頼感は非常に高く、伴ってウィズカードの知名度は完璧であります。マイナス面としては、カードの特典が若干複雑なこと、カードの特典を過去に再三変更している事から来る不信が尾を引いている部分がある事は否めません。

しかし、女性部隊は、他百貨店の開拓部隊に遜色なく、健闘していると評価出来るところであります。

本店の別館工事の最中の事であります。開拓員が顧客宅を訪問した際、「工事中は休んでいるのか」と質問を受けた事が一、二にとどまらない事、つまり宣伝文から誤解が生じている事を発見したのであります。

そこで急遽、工事中も営業をしている事を念を入れて宣伝に組み込んだのであります。

これなど将に、百貨店側が常識と思っている事が、顧客にとってはそうでもないということを教えられるところであります。こんなところに誤解があったとは、訪問しなければ、顧客と対話をしなければ、遂に、分からずに終わったでありましょう。

前出のように、開拓部隊の進出先へ予め開拓員の全員の集合写真を活かした新聞折込を投入されるという企画がなされましたが、「チラシを見て、何時来るかと待っていた。」とか「もう当地へ来るかと楽しみにしていた」という、好反響を得たのであります。

訪問開拓に従事することで、本当に顧客は〝逃がすに易く、得るに難しい〟と言う事を肌で体験するものであります。ある開拓員は道で数人の主婦が立ち話をしているところへ出合わし、つい、頭を下げて、「井筒屋です」。と挨拶して通り過ぎた。その直後、とある家庭を訪問したところ、「さっきの方ね、見知らぬものにまで挨拶して通るなんて、熱心さに感心した」と即座入会されたという事もありました。

店頭でウィズカードをお持ちですかという声掛けを徹底している点では、全国で一、二を争うでありましょう。

平成一〇年九月二四日、念願の新館がオープンする運びとなりました。ハード、ソフトが相俟って、再び攻撃的な企業の復活が期待されるところであります。

一〇、さいか屋の事例

平成一〇年三月、新社長誕生と時機を同じくして、訪問開拓を採用するところとなりました。目下、傘下の、川崎、横須賀、藤沢のほぼ同規模の三支店が、開拓を競い合い、好調な滑り出しを見せています。

この地では、競合店がポイントを先行させているため、ポイントに付いての理解と興味が他地方より強いようです。

顧客は当方の〝ポイントがついておりまして云々〟という説明に対し〝はいはい〟と応じているが、中高年で本当に理解しているか否か疑わしいところがあります。

先日も「折入って質問するが、ポイントとは何か」と正面から説明を求められた事が数回ありました。中高年のほとんどの方は、おぼろげにわかっている、半分わかっているが、改めて聞く事は恥ずかしい、と言う事が多いようであります。質問がない以上理解されているというのは、百貨店の独りよがりの事もあるという事を教えられるところであります。

開拓数の大台に乗った時に、社長自ら激励の場を設けられ、意気もさかんであり、現に、平成十一年下期には数年振りに売上げにおいて、対前年黒字基調を取り戻す健闘をみせています。

第九章　顧客の百貨店へ寄せる声

各地を転戦し、その度毎に、所属百貨店の立場で会話を交わし、著者自身が開拓した顧客数だけでも数万人に達しています。その前提として地方、地方で会話を交わした顧客は十数万人を下りません。ありとあらゆる顧客の声が骨身に沁みたというのが、最近の心境であります。将に、いやと言うほど顧客の声に接して来たのであります。

顧客の声については、各百貨店とも当然サービス上、経営施策上、これを収集して対処するとともに、教育に処しているところであります。

しかし敢えて特別に訪問開拓時に得た声に値打ちがあると強調するのは、いわゆる「下手」からお願いで訪問しているときに「即座に、間を置かずに発せられる顧客の声」は、身構えず瞬間に平素思っていることが出てしまうという事で、本音中の本音であります。この点で特別の値打ちがあると感じているのであります。一瞬に発する本音の一言に値打ちがあるのであります。

実体験では、この声は〝アンケート調査の声とかなり違う〟と言う事であります。察するところ、アンケートでは、既に若干の身構えがあるからでありましょう。

アンケートでは、こんな事をいうと現在の世の流れや新聞、ＴＶの情報と違うとかこんな事を答えれば自分の主張は異端になるのではないかといろいろ心理的制約があるからでしょうか、平たい言葉で言うなら優等生の答弁になってしまうのではないでしょうか。結局は横並びになってしまうのであります。

また更にそれを項目に分類し、〝ご報告申し上げます、何々に関する件については何%、何々に関する声は何%、前回に注意をするよう決められた件は何%減でございます〟と括ってしまえば、一遍の抽象的な数字となり、もう声でもなんでも無くなってしまっているのであります。したがって顧客が身構えないで瞬間に発した本音中の本音は机の上の議論とは全くと言っていいほど違うというのが実感であります。

その上顧客には、その数十倍数百倍も、聞いて欲しい事があるのである。

「私はこう思っている」、「贔屓のあまりにこう言うのよ」、「私の話聞いてみてよ」、「好きな百貨店がこうなるのは捨てておけないのよ」と百貨店に関心があるあまりに会話を求めている声がひたひたと流れていることを発見するのです。これらは例へ苦情じみていても、決していわゆる苦情ではないのである。顧客からの声だ「ヒエー！」と、条件反射的に飛び上がらないで、本当に顧客の話を聞くと、贔屓のあまり一度いて欲しいという好意からの意見、聞いて貰える場や機会がないもどかしさ、百貨店経営にたいする疑問、歯がゆい思いが満ちていることに気がつくのです。

以下に、そうした顧客の意見の一端を紹介してみましょう。そうしてその臨場ニュアンスからの解説を加えて見たいと思います。

特に、これらは総てご入会申し込みを記入しながらの話であることを強調しておきます。繰り返しますが、好意のあまり会話を求めているのです。この顧客心理を是非理解していただきたいのです。従業員教育に資する場合でも、こんなご注意が多いから気をつけるようにということではなく、顧客の心の奥をどう読むか、ファン心理をどう読み、どうエンターテインメントするかという流れでありたいと思うのです。

〈駐車場関係〉

通常企業の印象を強く訴えるものとして受付があります。百貨店にとっても、正面玄関や、一階エントランスの印象に注意が注がれています。しかし、本当の第一印象は駐車場で始まっていることを重大に受け止めるべきなのです。車で来店される顧客にとって、駐車場は「始めと終わり」、つまり印象の総てを決するものなのです。

平たく言って、駐車場での恨みはかなり深いというのが本音であります。

そしてそれを決める要素としては、料金、設備、付属施設、運営、誘導技術、サービス

・マナーに至るまで総合的に取り組む必要があることを教えています。別会社・下請け任せ、むくつけきロートルで用が足せるところという発想は非常に危険であります。

特に量販店は広大な駐車場を確保し、安全に出し入れが出来る上無料であります。これに対し百貨店は狭く、出し入れが難しい。大方の女性ドライバーにとってはご主人と同乗の時しか行けないという障壁になっている場合も多いはずです。その上有料であるということになる。顧客は「服の八万円、ハンドバッグの三万円は自分が決めたことで納得出来る、しかし、駐車場の料金とカード年会費については納得しかねる」と言う。百貨店側にすれば「維持費が必要、常識ではないか、当然ではないか」という言い分になります。見解の相違があるのです。是非はともかくとして、料金が取られて当然という各種サービスに万全を期する必要があります。

顧客の声を例示してみよう。

☆一〇万円以上買物をしたのに二時間半を超過したとのことで追加料金をとられた。もう少し金額に応じた融通性はとれないものか。

☆あんたとこ冷たいわよ、折角八万の服を買って、うきうきして出てきたら、時間五分オーバーで金をとるのよ。金じゃないわ、その気持ちがイヤ。

☆厳格に超過料金をとった。沢山買い物をして、包装も頼んだ、包装はかなりもたついた、しかし全体に楽しく買い物をして駐車場へ出てきた。少し超過していたみたいで、料金はしっかり正規の料金をとられた。とたんにがっかりした。

☆駐車場料一時間まで○○○円を二時間までにならないか。

☆駐車場に六時間車をとめておいたら料金が○○○になっていた。駐車場無料の大型店がたくさん出来ているのだからもっと考えて欲しい。

☆駐車料金が高い（多数）。

☆ご優待日に駐車場をでるのに2時間かかった。車の中でイライラするのはたまらない。

☆駐車場が狭くて出入りに苦労する。なかなか足が向かない。

☆駐車場の入り口と出口が恐くて行きたくない。

☆駐車場のカーブが運転しにくいので、主人が同伴で運転してくれる日しか行けない。

☆出庫に時間がかかるので利用したくない、だから買い物に行かない。

☆駐車場から出るのに○○分もかかった。

☆○○百貨店はハイルーフ等大きな車もいれられるので、どうしても○○百貨店の方へ行ってしまう。

☆出入庫の指図の手順が悪く、場当たりで、いらいらする。

☆ワゴンRで駐車場に入れると思っていたところ、突然、「この車はここでは入れません」と言われた。待機している時点で入庫出来ないなら早目に指示をして欲しかった。案内担当者はただ誘導するだけではなくもう少し目配り、心配りを利かせて欲しい。
☆駐車場の警備員のマナーが悪い、ポケットに手を突っ込んだり、お客の目の前でタバコを吸ったりしている。
☆駐車場を利用したとき、ガードマンの方の動作がとても親切で、ベビーカーや荷物を運んでくれたり、子供を抱いていると、子供が天井で頭を打たないように手をさしのべて戴き、ちょっとした心配りが気にいり、御社のファンになりました。
☆正面玄関の車をさばく係員は、公平で、キビキビした動作で客を処理し、とても気持ちがいい。どのお客も納得して指示に従っている。○○百貨店へ来たというきうきした気持ちになる。このような係員は企業としても大事にしてあげて下さい。

〈ギフト関係〉

市場を軒並みに訪問をしていると、百貨店には行かないという人が実に多い。

しかし子細に会話を交わすと、中元、歳暮、お返し、には百貨店を利用すると言われる。まだまだ、のれん、信用、店格、包装紙と言ってくれる人がいることは嬉しいことであります。「歳暮だけはやはりね」という表現もあります。贈答関係の需要は平素忘れた存在を思い出してくれる、この貴重な「節目」です。しかるに、一時百貨店は「中元、歳暮は儲からない」「送料負担が大きい」もっと合理的な商売をと称した時期があったようであります。この間に、顧客は全国無料配達（もっともみせかけの部分が多いのであるが、うたい文句は全国無料）を唱える量販店に穴を開けられ、食い込まれた事は否めません。食い込まれたのは売り上げという狭義の部分だけではないのです。進物贈答に「どこで買ったものでも良い」、「ものを買って送っておきさえすればいい」、「どの包装紙でも効果は同じ」、「特別の吟味をしないでも通用する」、という人を作った事が問題なのです。しきたりを重んじ、礼節を重視する、そういう層の支持を受けて繁栄してきた百貨店が、効率や経費云云の名の下に例へ一部とは言え放棄したのです。

堤防も放置をすれば蟻の穴で崩れるものです。百貨店にとっては本来、「量販店からのご進物は如何なものでしょうか?」と牽制をかけねばならないところでしょう。

この意味でも、百貨店は顧客の心、期待を読めていないのです。

ギフトに対する顧客の声を例示してみましょう。

☆ギフトセンターへ買い物に行きました。売場構成が最初から待たされるような作りになっていて、番号札で顧客を管理しているような感じで、いかにも売ってやるから待ちなさいと言う感じで不愉快でした。コーヒの接待なんかは不要ですので少しでも早く捌けるような体制作りを考えた方がよいのではないか。
☆ギフトの料金の規定が細かすぎる、「これは無料、これは〇〇円、これは〇〇円」と商品ごとに違い、カウンターで説明を求めたが「間違いがございません」と言われ説明して貰えなかった。
☆ギフトセンターで配送料金の件で男性の人に質問したが「私は応援に来ているのでわかりません」と言われた。その男性は役職の方だと思いますが、応援と言う言葉を使うのは客にとっては腹立たしい。
☆中元のギフトセンターでわざわざ年輩の男性に注文したが「分かっています」の言葉が返ってきた。その責任ある男性の手があくのを待っていたのに。その一言で失望した。役付者がそういう応対をするくらいなら女性もきっとこれ以下の応対しか出来ないのでは。
☆中元ギフトセンターが凄く感じがよかった。それは順番がよく守られ、係員が手をあげて「お待たせいたしました、どうぞ」という姿が大変感じがよかったです。昨年の歳暮から大分改善されましたね。
☆二〜三年前までは〇〇百貨店でお歳暮をしていましたが、一度一件だけお持ち帰りを希望したところ社員にひどく横柄な対応をされたので、それ以降△△百貨店にお願いしています。

☆昨年のギフトセンターでは大変待たされたが、今年の中元は男性の責任者が率先垂範で頑張っておられ待ち時間も少なく感じた。やはり上司の人が一生懸命働く姿が部下やアルバイトの人たちを刺激するものですね。

☆お歳暮の配送リストが送られて来たが、私の名前が書き直されていて、間違った名字で書かれていた。毎年コピーされているので字体が薄くなるので書き直すのはよくわかるが、わかりにくい字体であれば電話で確認をしてから発送するくらいの心遣いが欲しかった。

☆○○ショップ（外商出張所）へ歳暮のカタログを貰いに行ったら、店員から「一般の会員様用のカタログはございません」と断られました。だから##百貨店で注文しました。

〈お得意様つくりのお膝元が案外盲点〉

友の会受付カウンター、クレジットカウンター等、固定客を主として担当していると言うことになっている部署のサービスが逆に悪いという指摘が思いがけず多いのであります。これは各百貨店に共通しています。デスクに座るとなにか偉くなったような錯覚をするのでしょうか、顧客が前に並ぶと優越感になるのでしょうか、外へ出て顧客を獲得するために汗を流している係員の実態を実体験させ、労苦を共有させるべきでありましょう。

顧客の声を例示してみましょう。

☆友の会のお買い物カードを紛失したのでカウンターへ申し出たら、落としたものはしようがないという返事だった。本人の名前が入っているカードだし、ほかに言いようがあるのではないか。

☆友の会の積み立て満期日とその後の数日間はカウンターが混雑するが、入会の時は頼み込んでおいて、お渡しの時は客を立たせて待たせるのか」（注、この百貨店は入会の月が決まっているのであります）。

☆粗品が足下のパッキングケースに入っている。いかにも粗品だというのは頂けない。センスがないわね。

☆カードを申し込みに行ったら受付カウンターで「この年では無理です」と言われた。自分の内容に自信があるのに、審査係りでもない受付が言うのは納得出来ない。

☆入会しようと思って手続きに行った時、受付の人に「お客様お年ですね」と言われてとても不愉快でした。それに態度もツンとしていてお高く止まっているようにみえました。

☆以前カードを申し込みに行ったら、年金生活者は駄目と断られた。その後年金でもいいと言うことになって入会しているが、そのときの差別的な断り方が今でもひっかかり、釈然としない。
☆カードの申し込みをしようと思ったところ、職業欄で和裁の内職をしているというのをためらったら、「仕事がないと入れません。」と冷たくあしらわれたので帰りました。同じ断るにしてもものの言い方に気をつけて欲しいですね。
☆カウンターで三〇才くらいの男性に「年収は大体これくらいでしょう、これでよく生活ができますね」と言われた、失礼よ。
☆カードに入会しようと思ってカウンターに行った、そのときは主人の名前で作ろうと思ったが、「本人が来ないと駄目です」と言われ、次の機会に再度主人と一緒に行ったら、今度は「七五歳だから入会出来ない」と言われた。そういうことは最初の時点で言ってくれればよかったのに。カウンターの女性の冷たい態度にも頭に来た。今日来た貴方の説明だと入れるのでしょう！いい加減ですねえ。
☆外商の人に加入を頼まれていたので、書式に記入して外商の受付へ届けに行ったら、受付の女性がこれくらいの条件では加入は無理ですと言って、申し込み用紙をその場で破り捨てられた。悔しくて近所の人に言うと、紙をその場で破ったなんて人権問題だ争えというが、事を荒立てても仕方がないと思って、黙っていた。今訪問してきた貴女に言うが、買い物は他の百貨店でするのは分かるでしょう！。

☆主人が亡くなって、外商の係員が来て、名義変更の手続きをしてくれと言う。そこで、記入して届けたら、使いの女性が来て、ご主人が亡くなられたので外商のお取り引きは無理ですという。私はそれを了承した。すると係員が又来て、手続きをしてくれという。馬鹿にしている。主人が死んだら手のひらを返すような態度をとる。私は##百貨店の外商でもあるので、××百貨店から買わないだけの話だ。（一ブロックを占める豪邸であった）

注・以上代表的な八点にとどめましたが、これらは、いずれも、受付絡みの話でありま す。なぜ受付が、担当を越えて審査の領域の話をするのか全く理解に苦しむところです。審査の内容は公開明示しないことが原則であるばかりでなく、実に不用意に人権的な発言までしています。厳重に管理教育すべき部分であります。

☆出張所ショップへカードの申し込みに行ったら本店へ行って下さいと言われた。柔軟性のない従業員と思います。

☆一階のポイントカードのポイントチェックの出し方が分からなかったので、係員に尋ねたら、銀行カードと同じですと言われ、あっさり突き放された。

☆ポイントカード機の扱い方が分からなかったので、近くにいる販売員に尋ねたら8階のカウンターで聞いて下さいと言われた。従業員としてふさわしくない。
☆私が一階商品券売場で商品券を買って、両手に沢山の荷物を持って玄関を出ようとしたら、店員さんが「荷物をお持ちしましょうか」と声をかけてくれて、大変助かりました。その人の心遣いに感謝しています。
☆一年前、カードに入会しようと思ってカウンターに行ったが、誰もいないので隣の友の会の担当者に聞くと「カードはそちらです」と言ったきりで、お待ち下さいとも言わず私語を始めたので入会するのをやめた。その後ガウンを購入したところ商品が決まるまで時間がかかったにもかかわらず、係員が嫌な顔ひとつせずつき合ってくれました。帰るときも「またお越しくださいませ」と言ってくれたのでこの次はこの売場で買おうと思いました。
☆申し込みの時町名を言ったら、そんな住所があるんですかと言われた。
管理職風と言う人の態度などに顧客の目が厳しい。これらは通常、顧客が直接被害を受けているわけではないので苦情として表れないで見過ごされているのです。注意すべき部分です。
☆通路で軽く会釈をしてくれて感じがいいですね、でも男性の人がポケットに手を入れて会釈もしない人がいますが偉い人なんですか?

☆ギフトセンターでわざわざ管理職風の人に注文を受けて貰える順になるように並んでいたが、詳しいことが何一つ分からず失望した。
☆腕章を巻いて立っている偉い人に質問したら「応援でわかりません」というのです。これ一体なに?。
☆通路に立っている管理職のような人に、どこの売場にあるかを尋ねたら、後ろのケースの女性に尋ねるの、その女性も知らなかったら、その人はその女性に隣の売場へ聞きに行かせた、知らなかったのは仕方がないにしても、部下に聞きに行かせる手はないでしょう。すみませんねえと言って自分でカバーすべきでしょう。そんなのが偉い人なの!。

〈福引き〉

顧客に喜んで戴くつもりか、顧客を釣るつもりか、同じ企画でも心がこもらない机上の企画にむしろ反感が多いのです。
☆福引きで一三枚引いたが全部はずれ。なにか馬鹿にされているみたい。一三万円も買ってなにもなし。いっそう籤がないほうがすっきりする。
☆福引きが二三回引いたが全部外れ。品物が欲しいわけでもないけれど、何が当たるかなあという期待と楽しみが全く裏切られるとは楽しさが吹っ飛んだ。

☆福引きが一七回引いたが全部外れ、品物が欲しいわけでもないけれど、何らかの粗品を出すなり、五枚引いたら一区切りで何かを出すなりしたらどうか。福引きが逆効果になっていますよ。喜んで貰うつもり?それとも釣るつもり?
☆福引きセールの外れ景品があまりにも馬鹿にしている。あんな景品なら出さない方がいい。
☆楽しみにしていた福引きが全部残念賞でした。100円ショップでも結構楽しいものがあるのに、残念賞は多分30円もしないでしょう?。もう少しましなものを出すか、むしろ福引きがない方がすっきりする。
☆全部外れでは子供がかわいそう。風船を呉れた方が喜ぶわ。お客商売なのに、なにもお客の事がわかっていないのね。

〈カード関係〉
☆年会費無料と言っても二年目から徴収するので#百貨店カードを使います。
☆カードの情報誌は殆ど読まないわ、これも年会費に含まれているんでしょう。情報過多の時代、おざなりな情報誌は不要です。
☆〇〇を買ったがそのときの従業員の接客態度があまりにも不親切で支払いの時にも「〇

○カードをお持ちですか」と聞いて貰えなかったのでカードを出し忘れた。○○階の従業員はどこも親切でどこで買ってもカードを提示させて貰った。言って戴くと助かります。
☆カードで精算しようとしたとき嫌な顔をして態度が変わった。
☆忙しいときにカードを出すと嫌がる感じが分かる。
☆カードを出し忘れ、あとで店員に言うと「お金を払われるときしか駄目です」と言われたので退会した。もう少し声かけを徹底すべきだ。
☆お買い物をするとき「○○カードをお持ちですか」とよく尋ねられるので、持っていないと恥ずかしいので喜んで入会します。
☆どこの売場でも「○○カードをお持ちですか」と言われると、カードが本当に使えると分かって安心して使えるので嬉しい。
☆私は食品売場で買い物をするときでも必ずカードを利用しています。店員さんがいつもカードをお持ちですかと声をかけてくれるので遠慮なしに利用しています。
☆地下食品でカードを使おうと思っても、割引きになるかならないか分からず。おどおどしてしまう。ややこしいので改善したらどうか。
☆「カードはお持ちですか」と支払い時に言われて、出しやすくなった。
☆カードで支払いをするときカードを使う事を事前に言って欲しいと嫌な顔をされました。

ハンドバッグからカードを探しているうちにレシートを打ってしまってあり、カードを持って遠く離れた所へレジを打ち直しに行きました。買い物カードを使う際に店員が面倒くさいと思うようなカードを何故発行しているのでしょうか。

☆カードを提示したら「使えない」と言われた。使えないところは明示して欲しい。「クレジットは使えますが割引にはなりません」等と正確なご説明をして欲しい。

☆○○が割引の対象になっていなくて利用出来ない。ご優待日とか時期によって割引対象になったりならなかったりするのは何故。

☆私はカードで買い物をしていますが、いつも限度額が一〇万円なので、高級品を買うとすぐ限度額オーバーで承認番号をとらねばならない。いつもイライラして待つ気分、わかりますか！。今のカード化時代に限度額がたったの一〇万円とは信じられない。もう面倒なのでやめようかと思っている。

☆限度額を一〇〇円でもオーバーしたら承認が必要でその承認をとるのに大変時間がかかる。友人と一緒に買い物に行った時、自分はきちんと支払いをしているのに、なにか悪い事をしているんじゃないかと思われそうで、いつも不愉快になる。今はもう、カードで高額品を買わないようになったし、段々利用回数が減ってきた、限度額が低すぎる。

☆売場でいつもカードはお持ちですかと聞かれるので、逆にカードはどういうメリットがあるのかと尋ねると従業員は曖昧な答えしか出来なかった。もう少し教育を徹底したらどうか。
☆二年前カードの申し込みをしたら年金暮らしということで断られた。私は御社の株を持っているし、六〇歳までは市役所に勤めていたので大丈夫だと思っていたので納得できなかった。＃＃百貨店や△△百貨店ではカードを作ってくれた。年金の人を断るなんて、一番確実な収入なのに。
☆三年前長男が婚約指輪を買って、カードを出すと販売員から数分後、ブラックリストに載っているのでこのカードは使えないと言われ大変不愉快な思いをした。その数日後、男性社員が同姓同名の人と間違いだったと誤りに来たが、全く誠意のない謝り方で、そこで、カードを解約すると言ったら「どうぞ解約して下さい」と言われ、〇〇百貨店に不信感を持った。
　注・ブラックリスト云云という断りかたはないだろう、また非常に危険です。
☆職場の友人が〇〇カードを持っており、色々な特典を聞いていたので私も入会したいなあと思っていました。□□地域は〇〇のちらしが入らないので、職場の友人から案内状を見せて貰って一緒に買い物に行っていました。訪問して戴いて嬉しいです。早速入会します。これからは直接私に案内状が来るので気兼ねなしに〇〇へ行けます。

☆○○さんがこんな遠いところまで来てくれたんですね。こうして訪問すると客の有り難さが分かると思います。この活動はそういう意味で貴重な活動だと思います。今入会します。ついでに裏の姉の家も呼んでくるから待っていて下さい。
☆一軒一軒廻られる姿を見て感動しました、また○○さんへ行こうという気になりました。
☆私は□□百貨店に勤めていますが、○○には△△や＊＊ブランドがあるので○○カードに入会します。私自身自分の店の商品に魅力を感じません。
☆割引した場合はポイントがつかないことは知っていますが、売場によってポイントがつかないがカードを出すように言われる売場と、カードを出してもポイントがつかないので無駄ですよという売場がある。どちらか統一すべきだと思います。
☆君の所のような大企業が、こうして一軒一軒頭を下げて廻るのか、自分は不景気だ不景気だと口で言っているだけで何の努力もしていない。教えられた。授業料だと思って入会する。（かなり多数の商店で）
☆私は母と一緒にビル管理をしており、Ｐタイルの張り替えや、壁の塗り替えも全部私がやりました。今二〇ある部屋も一六世帯しか入っていません。昨日の○○さんのチラシを見て、更に今日の訪問を受けてビックリしました。ビジネスとして一生懸命努力しようとする姿勢に共鳴しました。これからも〇〇さんに負けないよう頑張ります。良い刺激になりました。勿論入会します。

〈施設、施策、宣伝、ＴＶショップ〉

食堂街については、家族一同で食べられるいわゆるファミリーレストランの需要が多いようです。食品売場で目立つのは、集中レジについて意見が全く分かれる事です。しかし、子細に検討すると、百貨店側が、手法、レイアウトに馴れていない事、顧客の流れ、誘導を把握しないで自分の都合で売場を作って居ることに起因するようです。したがって集中レジそのものの論議としてかみ合っていないのです。

☆子供が喜ぶ場所が全くない。
☆家族全員が楽しく食事をする場所がない。
☆食事に色々とって食べる楽しさがない。
☆◇◇（専門店施設の名称）部分と百貨店の境目がわかり難い。
☆レストランにファミリー食堂が欲しい、好みが異なった場合一緒に食事が出来ない。
☆レストラン街が悪い、ファミリーレストランがあればいいのに。
☆集中レジの範囲がわかりにくく、あっちだ、こっちだと歩き回された。

☆この売場の商品は集中レジの範囲とても思えないのに、集中レジですという。客にとって、なんだかさっぱりわからない。
☆集中レジがどこで払ったらいいのかわかり難い。
☆集中レジがどこからどこまでなのかわからない。
☆レジの並ぶ方向が通路をふさいで通行する人にじゃまだし、実に不自然だ。偉い人は売場を見ているのか。
☆集中レジにしたかったら、量販店のように、整然とそれなりの流れを作りなさいよ。適当に勝手に囲ってここは集中レジですと言ってるだけでしょ。
☆食品売場のセルフゾーンは、スーパーのように、廻っているうちに要らないものまでつい買ってしまうような配置になっていない。場所が狭いからだろうが、真似だけしているようで、商売が下手だねえ。
☆食品売場は売場毎に精算するのがとても面倒です。集中カウンターレジにすると一括で精算でき、何度もカードを出さなくてもいいから、検討して下さい。
☆生鮮食品は、集中レジでないので一つ一つお金を払わねばなりません。やはり生鮮は、集中レジにして下さい。
☆少なくともブロック単位で、表示をはっきりして、集中レジにしたらどう。生鮮は一括してレジにしてくれる方がいい。
☆○○のトイレを利用するときに思うのですが、掃除用具が目に付くところに出してあるので、とても不愉快で、いつも掃除中に思えます。
☆四隅の階段はあまり客が通らないからでしょうが、お掃除が手抜きですね。お掃除の担当というものがないの。
☆トイレの前の段差がとても気になる。危険だ。
☆方々の売場を眺めながら歩いていて、突然段差でびっくりする。あれは恐いよ。足をくじいたらどうするの。
☆ベビーカーの子供の持つ手すりが汚れていました。子供は何でも口に入れたり、くわえたりするので、特に気を使って欲しいです。
☆横文字の表示が多すぎる。
☆表示が横文字ばっかりで、ちょっと行き過ぎよ。百貨店の人て、学校でそんなに英語の出来の良かった人ばっかりなの。
☆○○に行く事がなく、申し訳ないが○○さんのことを忘れていました。昨日チラシが入っていて懐かしく思っていました。○○の存在が浮上しました。自分で行く口実が出来たようで嬉しいです。

☆○○百貨店は、△△百貨店に比べて商品の移動が少なくて買いやすい。△△は店員の案内も悪い。
☆友人の地域には時々○○のチラシが入りますが、私の住まいは山一つ越えただけなのに広告が入りません。買い物はチラシを見て行きますので、是非入れて下さい。
☆先日○○さんのチラシが入っていたけど珍しいですね。これからも時々でいいからチラシを入れて下さい。この辺からも買い物に行く人が結構多いですよ。
☆年に数回しか買い物に行きませんが、もうすこし催事の情報が入れば行く回数も増えると思います。
☆今から店を閉めて買い物に行ってみようと思います。昼から出かけようと思います。
（訪問開拓員の報告によると、「久しぶりに○○百貨店のチラシが入っていましたね」という反響を沢山、△△地域で聞いたそうです）。
☆私は○○のTVショッピングをよく利用しますが、他社と比較して注文してから届くまで一ケ月以上かかるときがあります。遅くなるときは電話連絡でもあればまだ納得するのですが、忘れた頃に商品が届きます。他の百貨店の場合は二週間くらいで届きます。○○さんはちょっと日数がかかりすぎではないか。

☆今回のＴＶコマーシャルを見て、○○さんが秋まで休業されるのかなあと思ってました。あのＴＶコマーシャルは誤解した人が多かったんではないの。

〈接客・商品〉

①接客サービスについては、さすがに量は多いようです。片や「つきまとわないで欲しい」一方では「立っているだけでかまってくれない」と言う声が錯綜しています。

その表面現象をみて、「つきまとうな、それ苦情になったではないか」「売り逃がすな、雑談が多いという苦情になった」と朝夕会を繰り返しているのです。

顧客は、親切に応対して、かまって欲しいのです。商品を充分に知り、顧客の立場に立っていたならば、迫力あるお勧め、顧客の迷いの決断をつけるお勧めは歓迎されるのです。

さらに顧客の多数の声の背景に、管理職が全く不在を読みとることができます。

☆一階入り口からエスカレーターやエレベーターに向かう間、店員が暇なのかじろじろ見る。視線で客を追うのは品が悪い。

☆店員さんのものの言い方が量販店に比べるとやさしいわね。

☆派遣さんの接客態度が悪い、売場に一人年輩の課長をつけて欲しい。

☆最近派遣さんがとても良くなった。社員さんは消極的な感じがします。
☆地下の食品売場でレジが混雑して長く待たされた。上司の人がちょっと指図をすればなんとかなるのに。
☆お宅の店員さんは笑顔があり大恋感じがいい。以前はあまりよくなかった。今後ともこのイメージを大事にして下さい。
☆販売員がすぐつきまとう、ゆっくり見たい。（極めて多数、しかし逆に相手にしなかったという不満も多い。この辺に接客向上の余地が無限にある。）
☆私が年輩の為か、服装を見て買わないと思ったのか、声もかけてくれない。反面、食品のハム売場の年輩の女子社員は僅かな量でも気持ちよく応対してくれます。すてきな販売員ですよ。これからも行きます。
☆この間、新築祝いに絵を見に行きましたが、ずっと選んでいたにも拘わらず、誰も声をかけてくれませんでした。結局□□百貨店へ行って2点買いました。服装も悪かったけどこうも応対が違うかとつくづく感じました。
☆婦人服の売場で商品を見ているとお客様が少ないためか店員が私の所へ集まってきて、心にもないお世辞を言われて気分が悪くなった。
☆少し年輩向きの服を置いて頂けると嬉しいのですが。近所の皆様もよくおっしゃっています。
☆婦人服売場であまり買いたい服がなくなった。前は自分にあうようなものがあり、良く買っていたが今は若い服、派手な服ばかりになって、買いたくても買えない。
☆二階も三階も変わって、若い人向けになって、私らは見るだけで買うものがないね。
☆ミセス向きの商品が少ないのではないか。多少値が張ってもいいから良い品をおいたらどうか。
☆普段着用したい商品が少ない。出来ればＬＬサイズで二～三万くらいで買える商品の導入も考えて欲しい。
☆百貨店が専門店との差を見せつけられるのはサイズ揃えだと思います。ＬＬからＳまで豊富に揃えて下さい。ＬＬとなるとなんでおばあちゃん臭いの。
☆百貨店が専門店に絶対勝てるのはサイズ揃えでしょう。
☆サイズが大きくなるとどうしても若々しい服がありません。もう少し大きいサイズで若々しい服を仕入れて欲しいと思います。
☆婦人服は上下違ったものでも売ってくれるので良く買いにいく。
☆小さいサイズの５号の品揃えが不足している。
☆婦人服売場で商品を見ていると、始め四〇歳台の販売員が応待し、その後二〇歳台の販売員が応待していると前の販売員が戻ってきて「私のお客さんよ！」と言った。お客の目の前で客の取り合いをするなんて見苦しい。
☆○○百貨店の婦人服売場はショップが多く、入りずらい、入ってもすぐ販売員が寄ってくるのでゆっくり見たくても見られない。買い物をしようと思っても買えずにいます。もう少しお客に対しての接近のタイミングを考えて欲しい。常連客に対してはもっと気遣いがほしいですね。
☆◇◇は店員さんがついて廻るのでいやになり、あなたの○○へ行っています。○○さんはついて廻らないのでゆっくり買い物が出来ます。売りたいという気持ちは分かりますが、必要なときだけ声をかけていただければいいのでこの姿勢をくずさないで下さい。
☆販売員の方から一点勧められたが、他の近くにあるのを見ていると、次次に「これもよろしいですよ」「これもよろしいですよ」の繰り返しで、なんだか売り上げになるならどれが売れてもいいという感じでした。
☆友人（サイズがやや太め）と一緒に婦人服を見て、友人が「この服かわいいね」というと店員が「この服は何号までしかない」と応対したので、友人は気分を悪くしてもう二度と行かないといった。
☆コートを見ていたら「それ高いんですよ」と言って向こうへ行ってしまいました。失礼な態度に腹が立った。
☆服を畳む時、カルトンが服の上にのったままだった。ぞんざいに扱われたような気持ちだった。
☆売場を尋ねてもはっきりした返事が返らず、「自分はテナントだから」という答えが返ってきてがっかりしました。
☆婦人靴で二四のサイズを買おうとしたが、どれも「ありません」「切れています」の繰り返しで、代品を勧めようともしなかった。また婦人服では要らないと言うのにしつこく関連のものの購買を勧められて気分を害した。
☆何ヶ所かで買った商品をある売場で一括してくれないかとお願いしたら出来ませんと断られました。□□百貨店はすぐやってくれますよ。それから品切れなどしている商品を尋ねると○○さんは「ありません」の一言で終わりですが、□□はその場で電話などで調べて何日入荷すると答えてくれます。
☆販売員の皆さんが大変親切に応対してくれます。また売場を尋ねられたら販売員の方がお客様と一緒に同行して目的の場所まで案内しているのをよく見かけます。大変良いことだと思いますので今後も続けて下さい。
☆応対してくれた若い販売員さんは言葉遣いが丁寧で、大変親切だった、友人と二人で

「ああいう販売員さんだと買い物をしても凄く感じがいいね」と話していました。今後も感じのいい販売員が増えるとお客さんも増えると思います。

☆二年前娘の学校の制服を買いに行ったとき、接客してくれた女性の販売員が大変親切で感じのよい応対をしてくれました。そのときのことが今でも忘れられず心に残っています。販売員の名札は、確か◇◇さんだったと思います。○○百貨店の教育は素晴らしいと思います。他の百貨店ではここまで教育出来てないように思います。あれから買い物は○○さんばっかりです。

☆昨年スポーツ用品へトレーニングウエアを買いに行ったとき、自分自身が気に入った商品があったが、その場にいた店員さんに相談してみたら違うデザインの商品を勧められたのでその商品を買った。帰ってそれを着てみたら家族から「お父さんそれ良く似合うよ」と誉められ大変鼻が高かった。さすが○○の店員さんはプロだと思った。それから買い物は○○と決めました。そのときの店員さんの名前を覚えていないのが残念ですが。

☆△△売場の人はとても感じがいいが、◇◇売場の人はとても感じが悪く無愛想だ、対面販売でなくレジの応対になるから事務的になるのかもしれませんが、子供たちも、「今日もイヤな感じだったね」と言っています。それでも御社へ行っています。◇◇の方たちも良くなったねと言われるように心がけて欲しい。

☆三年前この地に引っ越しをしてきてすぐ○○さんに買い物に行ったときのイメージが悪く今は□□百貨店を利用しています。内容は主人はキングサイズしか合わないので、売場で尋ねたら、販売員は「ありません」と一言言ったきりですぐ二〜三人の販売員と私語雑談にふけっていた。またその後、和菓子売場でケースに商品が並んでいたので「これ下さい」と頼んだら、その販売員は「ありません」の一言だけ。商品がなければ見本を引っ込めるか表示を外すかしてお客にわかるようにすべきです。百貨店なのに「ありません」の言葉は絶対不要です。

☆私は○○さんばかり利用しています。何故かと言うと、私はLサイズなので□□（メーカーの名）の△△さんが何時も、良い商品が入荷したとき電話を戴いております。やはり販売員の方が親切だと自然と買い物をするようになるものです。

☆ブティックの店長が替わって、そこで頭に来るような事を言われた。十ン万するバッグを持っていったのに「最近偽物が流行っているんですってね」と言った。

☆優待日の前日、あるテナントさんで、割引対象になるかどうかお聞きしたところ、「うちは割り引くと自社負担になるので、しないんです」と言われたが、割引対象の基準はどうなっていますか。

☆孫の七五三用かんざしを買おうと思って和装品売場へ行ってびっくり。シーズンなのに商品は申し訳程度しかなく、しかたなく近くの呉服屋で購入した。昔は店舗が狭いなりにシーズンに応じた商品展開が出来ていたが、最近は婦人服に力が入り、際物が疎かになっているように感じられる。

☆最近販売員の接客の仕方が以前に比べて全館的に非常によくなったので買い物が大変楽しくなり、週に二〜三回行くようになりました。カードも喜んで入会します。

☆○○百貨店さんは厳しさが足りません。玄関から入って商品券売場に女性が二人いるが、その前を通っても「いらっしゃいませ」の一言もない。それでも○○は百貨店ですか。

☆食品売場を廻ると□□百貨店の場合はあちこちから元気のいい声がかかるのに、○○はケースの前で立ち止まったときですら無言の場合が多い。

☆○○ショップの□□さんはとてもすばらしい販売員ですね。前回買った商品をよく知っており、私に似合いそうな新商品が入荷するとお電話を戴いており、大変助かっています。こういう販売員さんが増えたらいいですね。

☆○階の□□売場の女性販売員は商品選びに大変親切に案内してくれるので大変気持ちよく買い物が出来ます。どうぞ機会があったら誉めてあげて下さい。

☆最近サービスが非常に良くなったが、時間的に良い時間帯と悪い時間帯がある、特に四時前後が一番販売員が少ないよ。

☆おばあちゃんが、店の外のある店へ行きたい様子で、その応対をした女性が親切に地図を書いて説明してあげている光景を見て感動したのでその女性の名前で友の会に入会しました。このような女性がいると嬉しいですね。お宅はきっと繁栄しますよ。
☆売場でよく店員さんから「いらっしゃいませ」と言う声をかけてくれる。中には男性の役員か部長さんか知らないが何の声もかけずにただ立ち話をしているだけの人もいる。
☆○○ブティックの担当者は特定の客ばかり良くして、私をかまってくれなかった。
☆婦人服で暇なのか知らないけれど、二～三人で接客にくるのはやめて欲しい。さらに私が「嫌いな柄」というのに「すてきですよ」を繰り返すのです。
☆セーターを選んでいたら店員さんが、「これはいかがですか」とか「これはいいですよ」と何枚も商品を持ってこられたが、私の欲しい商品でなく、ベージュ系でこういう柄の商品が欲しいと言っても全く違う商品を勧められました。私が再度、こういう商品が欲しいというと「じゃ他を探したらいかがですか」と店員から言われました。でも私が勝手に選んでいるところへその店員がつきまとって、最後に他の売場へどうぞはないでしょう。それ以来その売場は勿論、その店員をみただけで避けています。
☆父の日のプレゼントで紳士靴を買いに行ったが、あいにく気に入った商品のサイズがなく、その担当の店員より「メーカーに連絡をとって返事いたします」とのことだった。買い物に行った日は父の日の一週間前で、その後月曜から金曜まで待ったが何の連絡もなかった、当然父の日の前で必要なので売場に連絡をしたら担当者が変わると言って盥回しにされ、最終的に「メーカーからの連絡待ちです」と簡単に言われた。結局、父の日に間に合わず残念だった。

☆昨年父の日のプレゼントに財布を買ったが、その財布の中に他人の古い名刺などが入っており、また箱の表示の色と中身の色が違っていた。折角子供がプレゼントしてくれたのに。○○に対して不信感を持つようになりました。返品された商品を店頭に出すときはもっと検品すべきだ。

☆足の小指に魚の目が出来、巾広のビニール製のやわらかい靴を買おうと婦人靴売場へ行って事情を話したら販売員の人から「そんな靴はありませんよ」と言われた。無いにしても、もっと別の言い方があると思います。そのときから○○百貨店で二度と買うものかと思った。今日はわざわざ尋ねて来てくださったので入会します。

☆ハンドバッグ売場で気に入ったものがあり、娘に買ってやろうと思ってよく見ると傷があったので、店員に値段が何とかならないかと言ったところ「これはブランドものでこれしかありません」と言い切って行ってしまわれ、恥をかかされた。

☆スラックスの加工をお願いしましたが、出来上がりがおかしいので売場に再加工をお願いしましたら、係員は「売場のミスではありません」と言われたが○○は責任を持って加工してくれないの。
☆ＤＭの中にガウンのお買い得品が掲載されていたので電話で商品の確認をしたら応対に出た女性の対応が悪く、途中で電話が切れてしまった。翌日気分が悪かったので担当の主任に電話をしたらすぐその日代替のガウンを届けてくれました。そのスピーディな対応に凄く気分を良くしました。その主任さんは□□さんです。女性の対応は悪かったが、□□主任には感謝しています。その後から○○ファンになり、友の会にも入会しました。カードも入会しますよ。
☆私は＃＃ブランドが好きで市内の各百貨店でそのブランドを選んでいます。その中でも□□百貨店の販売員が大変良く、新入荷の案内も電話で戴いたりします。○○百貨店も△△百貨店からも電話が時々ありますが、□□の電話のかけ方が上手で何となく店に立ち寄って見たくなります。
☆私は□□百貨店の会員です。□□では翌日からバーゲンになる商品は取り置きしてくれて連絡をしてくれます。○○百貨店で買い物をして、翌日半額！とっても悔しかった。それに、△△売場の店員の態度が非常に悪い。（入会していただく）。
☆以前、時計修理で電池交換を依頼したら、「一〇分くらいで出来ます」との事で預け、一〇分位で再度行ったら「まだ出来ていません」とのこと。「すぐします」という言葉もなく平然として「忙しいので時間がかかる」と言いお詫びもないので、「他の店で頼むから時計を返して下さい」と言って持って帰った。金にならない仕事を後にするのか。他の個人の時計屋へ持っていったら「ちょっと待って下さい」と言ってお茶まで出してくれた。その間に電池交換も終わり非常に気持ちがよかった。〇〇百貨店のような大きな店では小さな事を依頼したらいい加減な対応しかしてくれないのかと思い、以後〇〇百貨店へ行くのはやめた。

☆□□を買いました。店員さんは包装が慣れていないせいか、受け取るまでに大変待たされました。あまり時間がかかるのなら、途中で一言でも声をかけてくれたらよかったのに。

☆おもちゃ売場でポケモングッズについて尋ねたら「ありません」「取り寄せも出来ません」「そういうことはできません」の言葉が無愛想すぎる感じで、帰った。

☆主人はゴールドカードを持っているが、時計売場で「懐中時計を見せて下さい」と店員さんに言うと、一番安い時計を見せてくれた。主人は気分を壊してそのまま買わずに帰った。「全く失礼だ一番安い商品をみせるなんて」それから△△百貨店へ行っている。

☆私は〇〇のファンで、週に二〜三回は買い物に行きます。特に〇階の□□売場の△△さん、◇◇売場の▼▼さん、社員の##さんや××さんにはいつも商品選びでお世話になっています。暑いのに訪問ご苦労様ですね。
☆店員同士がハンドバッグを手に持って「これいいね」等と話している。そのバッグは売り物でしょう！
☆以前は○○百貨店ばかりで買い物をしていましたが、テナントと平場のお客の取り合いに何回か巻き込まれてとても気分が悪かった。それ以来、△△百貨店ばかりに行っている。
☆ご優待日の優待対象商品が、ある時は割引になっているのに、次回はならないなど、その都度変わるのは紛らわしい。
☆特別招待会で、ひとサイズ上を勧められ、袖丈だけを詰めて欲しいと頼んだら、それは余所でやってくださいという口調だった。
☆小さなサイズの服を買いに行ったが、自分の思ったデザインの服がないので販売員に聞いたら、「そんなものはありません、今は流行していません」と大変無礼な態度だった。
☆フォーマル売場へ普段着で出かけたところ身なりを見て安い品物しか見せて貰えなかった。自分で探して十万円代のものを買ったが、二度と行きたくない。
☆（お寺の住職の奥様）先般、庫裡の玄関に敷くため、一間×二間のマットを買おうとしたら「そんなに大きなものを一体どうするのですか」と冷笑された。自分は近所なのでいつも普段着で行くが、身なりで足下を見られているようで不愉快だった。

☆一階のアクセサリー売場で、もっとよく商品を見せて下さい。それと「ご予算はいくらぐらいですか」とか聞かないで欲しい。商品を見ていいものがあれば予算は変わるものですよ。

☆普段着で紳士靴売場で三万円の商品を買おうとしたら店員から「三万円ですけどいいですか」と言われた。そんなに変な格好で行った訳でもないのに。また同じ日に私が紳士靴を選んでいる時には誰も近づいてくれなかった。服装で応対が変わるのか。

☆化粧品の##がアーティストによる宣伝販売をしていた。そのとき、自分に合った化粧品を見せてくれ眉そりをしていただけると言われるので化粧台へ行くと化粧品がワンセット準備されていました。私はその時「ちょっとおかしいな」と思ったので、そのアーティストに「化粧したらこれ買わないといけないの?」と尋ねたら、「そうですよ」と言われた。フルセット七万すると言われたが「全部買えない」と断ると「仕方ないですね」と言われたのでそのまま帰りました。

その言い方が高飛車だったので、その足で、□□百貨店へ行きました。宣伝販売をするならそれなりの教育をするべきです。

☆○○の人はお客を見てお金を持っているもっていないかを見るので嫌。特にアクセサリー売場。指輪の一つもしていないと相手にされないと皆が言っている。○○はお高くとまっている感じがする。
☆〇〇の店員は商品を買うときは感じがよいが、買わないときは感じが悪い時がある。□□百貨店はどちらかというと〇〇百貨店より親切です。
☆□□売場の店員の態度が悪い、後でお客の悪口を言っているのを第三者の私が聞いて気分が悪い。一人の店員さんの態度が全体のイメージを悪くします。
☆□□売場で〇〇を置いてないかと尋ねたら「ここにないものはありません」と冷たく言われた。その後△△百貨店で同じ事を尋ねたら「今ここにありませんが一度仕入先に確認をとってお電話させて戴きます」と言ってくれた。
☆食品の〇〇売場の△△さんがいつも手を引いてくれたり手紙を出してくれたり大変親切にしていただいています。これからも貴女の百貨店で買いますよ。
☆売場でいきなり、「お客様は一五号サイズですね」とアプローチされた。自分でも気にしていることを言われて悔しかった。
☆「その服は〇〇年頃買われた商品ですね」とよく聞かされるが、私が何年に買おうといちいち指摘される事ではないと思う。販売員は悪い気で言うのではないだろうが、平気で言う気持ちが信じられない。
☆売場を尋ねてもはっきりした返答が得られず、「自分はテナントだから」という答えが返ってきてガッカリした。
☆洋服のバーゲンで安いから買って行きなさいよと言われた。百貨店とも思えない言葉使いである。
☆販売員同士で他人の悪口を言い合っていた。また通路を挟んで雑談している人を数多く見かける。
☆店員の私語雑談が多い、自分の事が笑われているようで感じが悪い。
☆私語が多く、客の値踏みをする。声掛けに誠意がない。売場で携帯電話を使っているのを見かけた。「またのお越しをの一言で大分印象も違うものです」。
☆私語雑談が多い、また通路を挟んで話をしているとき、お客の方が「すみません」と言って通らねばならない。
☆売場で従業員同士がおしゃべりをしていて買い物に来た私に気がつかなかったので意見を言うと嫌な顔をされました。意見を言うのは私が○○が好きで、良くなって欲しいと願うからです。
☆笑顔の良い販売員さんが増えた。お互いに気持ちよく、お互いに有り難うと、言い合う仲でありたいです。
☆接客態度が以前より凄くよくなっていると思います。活気が出てきた見たいですね。

（一般に顧客の反応は驚くほど早い）
☆最近店員さんがキビキビしていて活気があるように思います。私は何時も選ぶのに時間がかかるが、店員さんはイヤな顔をせず、「かしこまりました」「少々お待ち下さいませ」など感じの良い応対をしてくれる。これからも買い物に行きますから安心して下さい。
☆朝一番、催事場に買い物に行ったらまだ閑散としていたが、販売員同士で「今日はお客が少ないから売れないよ」と話をしていた。客からすれば折角朝一番に買い物に来たのに気分が良くなかった。もうすこし近所に客が居ることに気を遣う事が必要ですよ。
☆売場で男性の上司と女子販売員の会話を聞いてビックリした。上司と友達のような会話をしているし、その上司も女性を「○○ちゃん」と呼んでいるのに驚いた。売場にはお客もいるし、平気でなれなれしい会話をしているのは上司が駄目だからですよ。
☆客の服装で態度が変わる。（きわめて多数あり）
☆売場で腕章をつけた男性がじっと立っている場合が多いのですが、お客が袋を３つも４つも持っていたら、袋を持ってあげるくらいの気持ちが欲しい。
☆腕章をつけた男性が店内をまわっていますが私たち客に会っても会釈をするわけでもないし、なんとなく目障りに見える。多分管理職の方と思います。店内を巡回しながらいろいろ気を付けたり、お客を案内したり、気を付けてゴミを拾ったり、忙しい売場を手伝ったりする仕事じゃないんですか。
☆商品を注文したところ二～三日中に入荷するので連絡すると言われた。二～三日しても連絡が来ないので電話したところ、違う人から「ありません」と言われた。
☆購入した商品の具合が悪いので売場に問い合わせをしたところ、使い方が悪いのではないかと言われた。
☆買い物に行って、〇階売場でホビー用品の売場を女性の店員さんに尋ねたら、「いらっしゃいませ私がご案内させて戴きます」と言ってわざわざ売場まで案内してくれた。大変親切な方で凄く感じが良かった。やっぱり〇〇百貨店ね。
☆酒売場で買い物をしたら女性販売員がわざわざタクシー乗り場まで持って来てくれました。売場としては当然のように思いますが、今はなかなか当然の事が出来ないものです。その女性店員の誠意が大変嬉しかった。これからも是非〇〇百貨店で買い物をさせて下さい。その女性にもよろしくお伝え下さい。
☆子供の頃に足のけがをして、右と左のサイズが一㎝程違うので今まで靴を買うのに苦労してきました。一〇日頃、御社の靴売場でとても親切な方に出会いました。若い女性の方で靴を決めるのに時間がかかったのですが一生懸命探して下さり、イヤな顔ひとつせずに親切に接して下さいました。これからは、その方の所へ行ってお願いしたいと思います。

お名前も覚えました。よろしくお伝え下さい。
☆五階売場で○○を買って、一階まで来たら、持病の足痛がでたので、案内の人に配送のお願いをしたら、「買った所でして下さい」と言われ、つい「歩ければ頼まない」と大きな声を出した。そうしたら五階の売場の人を電話で呼んでくれて、その人は親切に手続きをしてくれた。
☆他の売場で買ったものを抱き合わせで自宅届けを頼んだら「出来ない」の一点張りだった。
☆一〇年ほど前○○百貨店の△△売場で派遣店員として勤務していましたが、その当時売場の社員から凄くいじめられたので○○へは一切行かない。
☆菓子売場で私が依頼した商品の包装に時間がかかったので、次のお客が待ち切れず買わずに帰ってしまわれました。なにもしない販売員がいるのに何故、積極的に接客しないのかと思った。
☆菓子売場で（自分は一つだったせいか）沢山買っている人の後に回されました。ちゃんと順番通りにして下さい。
☆○○百貨店の△△に食事に行ったのですが、遅くなっていたのに嫌な顔ひとつもせずに最後まで接してくれた。またサラダまでサービスしてくれて大変申し訳なく思いました。

これからも○○さんへ出かけます。

☆食事をしましたが、支払いの時に一緒にいた友人がまだ席にいたので「もう一人居ますからちょっと待って下さい」と言ったら、レジ員から「早くして下さい」と言われました。日曜日で混雑していることはわかりますが、もう少し言い方があるのではないですか。周りでそれを聞いていた人もビックリしていました。それに品切れの場合、陳列してあるメニューに売り切れの表示くらいして下さい。

☆パンがよくなった、上等のパンを買う人は婦人服などの良い客の筈だ。

☆惣菜を良く買うが、一パックの量が多くて困る。出来れば一パック詰めを一〜二人用くらいの小分けの量であれば有り難い。

（注、一人暮らし、二人暮らし、が増えていて、例え安くても、とても大きな量は食べられない、更に少量を色々食べたいという。ましてや三品いくらと言われても手が出るはずがないという。個食に対するとりくみは特定百貨店以外、非常に遅れているのが実感です。）

☆出張所ショップのマナー教育を徹底して下さい。その理由の一つは、店に入っても「いらっしゃいませ」の言葉が少なく、裏の方でなにか仕事をしているのかも知れないが、声をかけてもなかなか出てこない。二つ目は、出張所で売り出しがある前日の二時頃、女性の販売員が翌日の売出商品の荷出しをしていたとき、私がその商品を見ようと思い、横を通ったら「この商品は明日からの売り出しの商品なので触れないで下さい」と言われ大変気分を悪くした。その後店を出てしばらくしてまた店の前を通ったら、その店員が自分で試着をしているではありませんか。全く驚きました。大体、客が商品を見て何故悪いんでしょう。勝手すぎませんか。

☆粗品を差し上げる際、床にじか置きのダンボール箱から取り出すのを見て、いかにも粗品だねえと言われた。

☆お歳暮に明太子をクール配達で送ったが、お届け先が留守で玄関の横の小屋に勝手に置いて帰って腐っていた。商品は取り替えてくれたが、依頼主の私に何の連絡もなかった。送った人の気持ちもわからないなんて。

☆自宅の前に進物品が落ちていたので、百貨店に電話したところ、「それは◇◇の配達なので、調べて連絡を取ります」と他人事みたいな返事だった。忙しいときに家を空けるわけに行かず迷惑した。本来なら百貨店がすぐ取りにくるべきではないのか。

あとがき

百年、二百年、三百年以前、つまり呉服系の老舗百貨店が創業時は、衣に関しての基幹産業であり、知名度抜群であった事が記録されています。その百貨店が座することなく反物を背負って顧客のなかへ分け入ったのです。現在「顧客に近づく時代」というが、後に続く総ての百貨店は既に、これを実行し大方の愛顧と支持を得て繁栄を築いて来たのであります。

近年では主担当として外商が、高額商品購入力、世論操作力、店格向上に寄与する力のある重要顧客に接近し、固定客化をはかり、常に顧客の中にわけてはいるという姿勢は維持しているところです。

顧客の多様化、世論の複雑化に加え、肝心の本体が机上論と横並論を空転させ、何万平米の箱にハードがつまってはいるが、ソフト＝「心の部分」が欠落の状態にあります。

将に「物（その物も、メーカー配給とは悲しい）で栄えて心で滅ぶ」状態です。再度顧客の心の中へ分けて入る必要があります。

ここにおいて、従来の外商を飛車に例えるなら、角行を生み出したのが本書の戦略であります。従来のクレジットの与信回収の静態と全く別の「新任務を開発」し、積極的顧客獲得の新戦略に高揚させる事を提唱しているものです。

言うならば、外商は「深耕」を、カード戦略は広く浅く「席巻」を担当し、これによって経営は飛角を揃えることになるのです。


今回、ストアーズ社から、一書を提供するようにとの機会を戴き、この感謝の気持ちに報いる為には、ストアーズ社の拠って立つ基盤の百貨店に、ストアーズ社を通じて精一杯こうした情報を提供しようと考えたものであります。

カードを梃子にした固定客作りの展開の過程で得た八百万の顧客の声、考え、本音をストレートに組み立てたものであり、その延長ではこうなると言うことを述べて見たのであります。

眼光紙背に徹すれば、この著作は決してカード開拓方法を述べたものでないことをご理解頂けると考えます。

従って、本書は顧客の生の声の翻訳ではありますが、他の如何なる紙に書かれたものに一切依るところがありません。無農薬、無公害、「顧客の声一〇〇%」であります。

ご参考になれば光栄であります。

尚、固定客戦略の飛車というべき外商戦略については、ストアーズ社発行、ストアーズレポート一九九九年一月号～一二月号連載の筆者著「負けない外商作りの基本講座」を併せてご覧頂ければ幸甚に存じる次第であります。

城福　維伸（じょうふく　これのぶ）

昭和24年	旧制第四高等学校１年終了後、学制改革により、金沢大学法文学部（新制第１期）を経て、転校、関西学院大学経済学部卒業。（昭和28年）
昭和28年	株式会社大丸入社。 婦人服、服地誂、紳士婦人靴、婦人セーターブラウス、文化レジャー用品等の課長、部長を経て。
昭和48年	大丸心斎橋店宣伝部長。
昭和50年	大丸和歌山店店長。
昭和52年	博多大丸営業担当常務取締役。
昭和54年	大丸本社信販部長、営業企画部長等を歴任。
昭和58年	大丸本社クレジット事業進出に伴い、 クレジット事業部設立準備委員長。 大丸梅田店開店に先立ち、カード戦略、並びに顧客開発についての研究と実務指導。
昭和59年	大丸本社デザイン室長として、業界初のデザインソフト販売を研究開発。 日本産業デザイン振興会（通産外郭）開発専門委員。 大阪府商工業振興審議会情報ソフト化委員会委員。
昭和62年	株式会社大丸企画開発代表取締役。
昭和62年	大丸神戸店開発外商部長。カード顧客開拓の実践指揮。
昭和63年	大丸神戸店店次長。（顧客開発・固定客戦略担当） 訪問開拓手法で、２年間で20万口座開拓。
平成２年	定年により退職。 固定客戦略研究コンサルタント並びに評論活動に入る。
平成３年	株式会社日本カード開発設立。

百貨店復権に向けての「固定客創造必勝作戦」

2000年４月１日初版発行　　1,575円（本体1,500円）

著　者　城福維伸
発行人　中村美濃

発行所　㈱ストアーズ社　東京都中央区銀座8-9-6
銀座第２ワールドビル
電話 03(3572)1500㈹　FAX 03(3572)1571

制　作　㈱アド・ストアーズ社

印刷・三晃印刷

ISBN4-915293-23-8
C0063 ¥1500E